AVについて女子が知っておくべきすべてのこと

Kaho Shibuya
澁谷果歩

CYZO

はじめに

はじめまして、澁谷果歩です。
以前から知っていてくださる方は、ありがとうございます。
拙著を手に取ってくださったからには、おそらくこんな疑問をお持ちなのでしょう。

ＡＶ女優ってどんな職業？
撮影現場ってどんな雰囲気？

こういった具体的な質問もあるかも。

本当にモザイクの裏でセックスしてるの？
女の子たちは借金があるから始めたの？

やっぱり事務所の人たちは893？

などなど、アダルト業界に興味はあるけれど、漠然としたイメージだけで終わってしまっているのでは。そもそも男性でAVを見たことのない人は少ないでしょうが、多くの女性にとってAVというのは未知の世界なのではないでしょうか？

好奇心が強く飽きっぽいため、「〝新聞〟という名の取りあつかいジャンルが広い新商品を毎日作っている」という印象のみで、大手一般新聞社のインターン&夕刊スポーツ紙に新卒入社した私も、AVへは「そのアンダーグラウンドな世界を知りたい！」と思って足を踏み入れました。ギャラのいい潜入取材みたいな感覚です。

本書が男性向けのコラムだったら、Kカップ爆乳が女優としての武器だったため、潜〝乳〟取材とノリノリに書くんですが、今回は違います。今回は女性に向けて「AV女優になるということ」を包みかくさず伝える書籍にしたいので、本音や真実をまっすぐに書きました。たぶん日本ではじめての本だと思います。

アダルトビデオは、いまや我が国が誇る文化として世界的に愛されています。ではそんな映像作品に出演する女優が誇らしい職業かというと、どうでしょうか。仮にあなたが肯定しても、世間は同意しないはず。

そんなジレンマを抱えるAV制作の現場は、一般人にとって謎に包まれた未知の世界と言えるでしょう。

もしこれからAVに出ようとしている女性が読んでいらっしゃるなら、止めも勧めもしませんが、私が現場で見て聞いてきたことをぜひ参考にしてもらえれば。性産業に限らず、どんな職場でも事前の知識を備えておくに越したことはありません。

いろいろと問題を抱えていようが、AVはおそらくこの世界から、少なくとも日本からはなくならないでしょう。だったら下品だ不潔だと排除するのではなく、その実情を知る方が現実的なアプローチです。とはいえ誰もが真実を語れる状況にいるわけではないので、現在アダルトな世界から身を引いている私が実体験を含めて書かせていただきます。

ただ先に申し上げておきたいのは、これは裏事情の暴露本でも、私の個人的なエッセイでもありません。AV業界という特殊な仕事の現場で、私が見て聞いて生きてきた記録を、具体的なデータを用いて明かしています。自分が実際に受け取った明細書や源泉徴収なども載せました、業界に新しく導入された「女優二次利用報酬」システムについてAV人権倫理機構に詳しく聞き取り、自ら作品名や使用料のエクセルデータを請求する方法まで解説している女優のエッセイなんて、ほかにないと思います。今もAVプロダクションに所属していたら全力で止められるでしょう……。

けれど、全ては純粋なAVファンに向けてだけでなく、これから女優になるかもしれない女性、また本音や本当のことを知りたい人に応えられるよう向き合った結果です。元新聞記者がAV女優になってみた。その文字通り体当たりな取材結果を読んでもらえたら、記者冥利にも女優冥利にも尽きます。

AVは男性ユーザーの夢を守る仕事だけれど、その現場での女優のリアルは夢のある話ばかりじゃない。本当のことを何より私と同じ女性に知ってもらいたい。そういう思いで本書を書きました。

目次

第2章　AV女優の仕事現場　93

第5章 AV女優のプライベート 169

第7章　AV女優になって良かったこと　

カバー＆扉写真
オノツトム
ヘアメイク
ISINO
ブックデザイン
鈴木成一デザイン室

ＡＶについて
女子が知って
おくべき
すべてのこと

第1章

AV女優という職業

〝AV女優〟ってどんなイメージ？

普通の女の子が、ある日突然どうやってAV女優に変身するのか？

まだ自分が出演することを想像もしていなかったころの私が真っ先に思い浮かべた〝AVを始める理由〟は、「ヤクザ絡みの借金」。ほかに稼げる仕事に就けない状況の女の子たちが仕方なく裸になる、という印象でした。もちろんそんなケースは今でもまったくめずらしくないのだけれど、事情は確実に多様化しています。

たとえば私が会社員だったころ、日経新聞社の記者が慶應大学と東大院生時代にAVに出ていたというゴシップニュースが広がりました。そして、奇しくも同じ時期にアサヒ芸能の記事で「有名スポーツ新聞社の社員は元AV女優」と報じられたのが、私の新卒同期だったのです。彼女がブランド品を好み、実家からも十分な金銭援助を得ていたことから、AV女優をしていたのは「借金返済」という切羽つまったモチベーションからではなく、「お小遣い稼ぎ」というノリが強いのだろうと感じました。このとき私の頭のなかのイメージは大きく変わったのです。AV女優というのは金銭的に余裕があり、学歴もあって将来一般企業での就職を考えている女性だろうと、つい挑戦しちゃうものなのだ、と。

また当時、その同期が出演したAVを先輩男性社員といっしょに見たとき、私は自分がポツリと「いいなぁ……」と呟いたことを覚えています。最初の2本はいかにも演技っぽく盛り上がらない内容でつまらなかったけど、3本目に有名AV男優のしみけんさんともう1人、身体の締まった男優さんに代わる代わるおちんちんを入れられるセックスが本当に気持ちよさそうで、女として羨ましくなったんです。「ぎもちいい！　ぎもちいい〜！」と泣きそうな声で叫んでいる彼女の姿は、１本目の女教師役で見せた棒読み痴女プレイとも、２本目でほかの女優と気だるそうに３Ｐする様子とも違って、本気で快感を味わっているようだった。あのとき、ＴＳＵＴＡＹＡで借りたオムニバス作品２本であきらめず、「もっと興奮する素材はないか」とネット検索しなければ、私もアダルトビデオに出演してみたいとは思わなかったな。

ちなみにどうしてそこまで意地になって何本もチェックしたのかというと、初めて見るＡＶなので期待していたというのもありますが、なにより先輩社員と絶対にエッチな雰囲気になると思っていたから。彼の家で見たのですが、「これでエロい雰囲気にならないって、おかしくない？　絶対ムラムラして、しちゃう流れでしょ」と、そのころやっと経験人数２人に到達したばかりの自分はエロ漫画みたいな展開を想像していて……。レンタルしてきた２本を早送りで見終わって完全にしらけていた空間に「これはやばい、予想と違うぞ！」と焦り、「もっと探せばいろいろあるんじゃないですか!!」と提案したんです。あ、無事にその先輩が私の３人目になりました。

女優への道はスカウトか応募かの二択

ＡＶ女優として活動を始めるには、まずプロダクションに所属しなくてはいけません。最終的にフリーになる人はいても、最初は事務所が各ＡＶメーカーとの仲介となって売り込みをかけることから活動スタートするもの。ＡＶ女優が所属する事務所に行き着くまでの道は大きく

2つ、スカウトか応募かに分かれています。前者の方が圧倒的に多いものの、実はこの2種のなかでもいろいろなパターンがあるのです。

スカウトは、いわゆる新宿の路上で声をかけてくるようなスカウトマンを介するスタイル。とはいえ道端で知らない男性について行くなんて、いまどきめったに聞かず、「スカウトマンとの人脈がある男性とつきあいがある」または「芸能志望だったのをAVへ紹介された」場合がほとんどです。

まず前者ですが、AVの前にキャバクラや風俗で働いた経験があったり、ホストクラブ通いをしていたタイプの女性が当てはまります。キャバ勤めや風俗嬢をしていたと公言する有名女優はめずらしくありません。元々そういった異性相手の水商売や性的サービス業界で仕事をしていればAVに来る精神的ハードルも低くなるし、アダルト事務所に斡旋できるスカウトもまわりからいくらでも探せます。過去にスカウトマンや水商売関連の人と交際していた女優も多く、私の同期もホストと同棲していました。一般的に〝お嬢様〟や〝高学歴〟と呼ばれる人種でも、夜の世界とつながってしまえばAV女優になる確率がグッと上昇するのです。

喫煙者になる一番の要因は「まわりに喫煙者が多い」ことですが、AV女優の場合も交友関係の影響力はおどろくほど大きい。〝職業〟として捉えると簡単には決めづらいですが、〝新しいバイト〟なら気軽に「やってみようかな」と思える。それが友人の勧めだと、余計に軽い気持ちにさせられるのでしょう。

一方で歌手や女優、タレントになりたくて芸能プロダクションに入ったら、社長が裏でAV

への道を作っていて、知らず知らずと導かれていたというケースだと、バイト気分じゃいられません。そのような形でAVデビューした人たちは、「こうなったら意地でも自分の夢を叶えなくては」と、やる気がすごい。事務所も彼女たちの芸能志向の高さを知っているから、歌手活動をさせたり、グラビアやテレビ番組出演など、AV女優とはいえ一般芸能の仕事を持ってきます。「これだけメディアに出られるのは、AVデビューしたからだよ」と納得させるのにも効果的です。

グラドルとして有名な人たちはほんの一握りですが、AV女優には「セクシーアイドル」という呼称まで生まれたし、SNSのフォロワー数でもアダルト勢が圧倒しています。キレイ、可愛い、スタイルがいいだけじゃ注目してもらえませんが、脱げば付加価値がついて一気に知名度が上がる。もともと芸能志望だった人材は「AVのおかげで、今こうして芸能活動ができている」と割り切っているので、次々と女優が引退してゆくアダルト業界でもキャリアが比較的長いですし、AV引退後も課金サイトで投稿や配信、定期的にオフ会をしたりと自主的にできるタレント活動を続けています。

ただ、イベントやバラエティ番組などで共演すると、カメラの前では元気よかったのに楽屋や帰り道では負のオーラを漂わせ、「私は事務所にダマされたからさぁ」「AVだと知らなかったんだよね」と突然カミングアウトしてくる子も多いので、心のバランスは不安定かも。でも、本来それだけで認められたかった歌や芝居をしているときの彼女たちは、本当に輝いています。

芸能人になりたい女子を取り込めるくらいなので、風俗と違ってAVには華やかなイメージがあります。これは初代恵比寿マスカッツ※メンバーが築いてくれたものでしょうが、アイドルやタレントのようなキラキラしたあつかいを受ける機会に恵まれている。また、風俗では一般男性客に乱暴にあつかわれる恐怖があるけれど、AVなら〝ゴールドフィンガー〟と称されるような魔法のテクニックを持つAV男優さんから次元の違うセックスを教えてもらえるかもしれない。私自身が〝最終的に〟AVに出ようと思えたのは、そんな性に対する好奇心からです。「AV業界の裏側という最強に面白いネタを手に入れて、目先の大金もついてくるって、いいかも？」って。

※恵比寿マスカッツ　2008年にテレビ東京の深夜バラエティ番組『おねがい！マスカット』のレギュラーメンバーにより結成された女性アイドルグループ。AV女優やグラビアアイドルなど他業種のタレントで構成され、初代リーダーを蒼井そらが務めた。

アダルトグッズモニターに応募してみたら……

〝最終的に〟と言ったのは、私自身はじめからAV志望だったわけではないからです。自分の場合、応募は応募でも、「AV女優になりたいです」とプロダクションの扉を叩いたわけじゃない。もともとは「アダルトグッズモニター」という仕事に興味を持ち、話を聞いてみようと渋谷の会社Aを訪れたのが、この業界に入るきっかけでした。これが、のちにデビュー先となるBグループが手がける事業のひとつだった。といっても、実際にモニター業をしていたという話は聞きませんが……。

ほかにも「美容マッサージの体験施術を受ける」「パーツモデル」などの楽そうな高収入アルバイトをうたった社名が事務所入口に小さな文字でズラリと並んでおり、様々なサイトから女優候補を集客していたようです。

そもそも私が「アダルトグッズモニター」に挑戦してみたいと思ったのは、当時、新聞社の先輩記者に誘われた飲み会でゲーム会社の広報をしている女性に出会ったのがきっかけ。彼女が「合コンの人数あわせに行くバイトたまにしててさ〜」と話していたのを「なにそれ、面白そう！」と食いつき、「私もネタになる体験してみたいな」といろんなバイトを探してました。国際的な出会い系パーティーのスタッフにも応募してみたけど全然つまらない雑用だけで、もっとインパクトのあるものはないか……、と行き着いたのが大人のおもちゃをモニターする仕事だったのです。

ところが面接室に入ってプロフィールを書き、希望するお仕事欄に「ヌードモデル」「撮影会モデル」などがあっても、すべて無視して「アダルトグッズモニター」にしか丸をつけていないというのに、事務の女性がながながとAV出演の仕事内容まで語り出す。話のなかで「一切エッチなことはしないAVのエキストラ」という仕事もあったので、「そういう出演ならネタになって面白そうだな」と登録だけしてみたら、当日のうちにスタジオで宣材写真を撮られ、有名AVメーカーへ次々と面接に連れ回され、「まぁ契約前なら逃げられるでしょ」と思っていたら当時の女社長から「ギャラの提示額だとエスワンかアリスJAPANの二択だけど、どっちにする？　あ、どっちもなしっていうのだけはやめてね？」と念を押されて腹を決めた、という経緯です。

この瞬間「もう断れないのか……」と以前の私へもどる道が閉じられたような、背中に冷たい風が吹いた感触を覚えました。AV出演強要問題が取り沙汰されるようになった現在では、作品を撮り終わった段階でも、「やっぱり辞めます」と言うことができます、とメーカーとの契約書にも記されています。けれど当時はまだそんな風潮じゃなかったため、笑顔で脅しをかけられた気分だった。怖かったです。

しかし「必ずしもやらなくちゃいけない事情はないけれど、AVの仕事をすれば親へ経済的に頼らず一人暮らしする自立資金が作れるし、その経験をネタにトークや執筆もできるだろう」。そんなふうに短時間で必死にポジティブなことばかり想像して、ネガティブな不安を消しました。AV女優となれば偏見や差別の目にさらされる恐怖だって容易に考えられたけれど、いまさら逃げられないのだから意味がない。

ちなみに恵比寿のタイ料理屋『ガパオ食堂』で22時ごろにその話をされたのですが、「じゃあ、『デビュー前に着エログラビアを仕掛ける』とまで考えてくれてるエスワンさんで……」と答えたら、「わかった！　断りは早めの方がいいね」とすでにシンハービールを嗜んでいた女社長がアリスJAPANのお偉いさんに電話したせいで、「酔っぱらって夜に仕事の電話してくるなんて失礼だ！」とプロデューサー兼取締役を怒らせて、結局アリスＪＡＰＡＮ出演が決まったんですよね……。すべて終わったことだから私はいいんだけど、女の子側に選択肢や決定権を持たせているようで実際は持たせていない、というのはよろしくない、と今は思います。

それでもＢグループのマネージャー陣は営業先で「うちの女の子たちは皆、自分で応募して来てるんで！　スカウトじゃないから問題にはなりませんよ」と自慢気に話していました。これは２０１６年にＡＶ出演強要問題が取り上げられたころ、業界内で「スカウト行為が条例で規制されてしまう」という緊張感が漂ったため。ただし事務所側も結局ＡＶに引き抜いているというグレーゾーンは把握していたようで、インタビューで「ＡＶ女優になったきっかけは？」と聞かれて素直にアダルトグッズモニター募集からビデオ出演の仕事を紹介された話をすると、必ずカットされていました。なかには「あまりグッズモニターの話はしない方がいいと……」と直接指示してくるマネージャーもいたけれど、こちらが素直に「わかりました」と言わず「なんでですか？」と詰めると「いや、あまり言わない方がいいと……」と理由をキチンと説明できずに口ごもってしまう。

昔からＡＶ女優になる子といえば世間知らずというイメージがあるものの、昨今は留学費用を稼ぐためや、日々の贅沢の足しにとバイト感覚でＡＶの仕事をする勤労学生も多く、マネージャー陣より常識や教養があるというのはめずらしくない。対してアダルト系プロダクションの採用は学歴も職歴も不問で、女の子に「キモい」と嫌われない清潔感とコミュニケーション能力があれば上等。ネットで即席の知識も手に入る世の中だから、新人女優のころはおとなしく事務所にコントロールされていても、辞めるときには本当の経緯をブログ記事やツイッター投稿で明かすケースが増えています。

事務所は「プロダクション側がAVを勧めた」と世間にバレたくないので、あくまで女優がもともとエッチに興味があって、浮き浮きとこの世界に飛び込んできたという印象にしたい。たしかに最終的に首を縦に振ったのは私たちですが、それまでに一切葛藤がない女の子なんていません。性への関心なんて全人類あって当然で、セックスが好きだからといって、女優になる必要はない。現在のアダルト業界は「AV出演強要問題」というワードに敏感だから「やっぱり辞める」と言っても大丈夫。スカウト経由にしろ応募にしろ、今デビューするかどうか悩んでいる人がいらっしゃれば、後悔しない選択をしてください。

AV女優は地方出身者が多い

一般的にスカウト系の女優はホストクラブ通いやキャバ嬢経験などで夜の世界に慣れていて、応募系はどちらかといえばおとなしめの見た目をした女性が多いのですが、両方に多く見られる共通点があります。それは、地方出身者であること。

私は4年近く業界にいて、いろいろな女優と接する機会がありましたが、自分以外で東京出身者に出会ったことが一度もありません。大学や会社でも「東京なのに、東京人ってマイノリティなんだな」と思っていたのに、AVの世界ではそれとは比べものにならないほど東京出身の人に出会わなかった。それもそのはず、人に言いにくい仕事だから、すぐ身内につながるような地域は避けたいに決まってます。それに親元を離れて一人暮らししていた方が、ライフスタイルの変化に気づかれないので安心。ずっと実家住まいをしていた身から言わせてもらうと、いつバレるかとヒヤヒヤして帰宅するのって怖いんですよ……。ちなみに私が親バレした日は、事前に「話したいことがあるから早く帰ってきて」と母からＬＩＮＥが届いていて、玄関を開けたら仏壇から強い線香の匂いがしました。どうやら母はご先祖様に「事実じゃありませんように」と祈っていたようです……。

地方出身者が多いにもかかわらず、ＡＶ女優のプロフィールを見ると、ほとんどが「東京出身」です。なぜ偽るかという理由はプロフィールの項目にも書きますが、一番は身元バレ対策として。人気もキャリアも育った段階で女優本人が吹っ切れて公表することはめずらしくないけれど、デビュー当初は誰でも「ＡＶ女優だってバレたくない」と怯えるし、事務所側もバレないようサポートするのが普通です。そこでなぜ「東京出身」かというと、今現在暮らしていたり働いているので土地勘があり、なにか聞かれても誤魔化せるから。言葉のアクセントによって関西出身だなと思われる場合でも、和歌山や兵庫出身なら「大阪出身」にしたり、具体的な地元は避けて特定されにくい大都市を選びがちです。もともとタレント活動していた人たちは同じプロフィールを引き継ぐので実際の出身地で通すことが多いものの、ＡＫＢ出身者として初めてアダルト業界に現れたやまぐちりこさんは、中西里菜時代の「大分県」から「福岡県」と書きかえていましたね。

そして本当に東京出身である私はというと、デビュー当時のプロフィールには「青森県出身」と書かれていました。「縁もゆかりもないから地方トークできませんよ〜」と事務所に文句を言ったら「別にAV女優のプロフィールが嘘だなんて、皆わかってるから平気でしょ。方言がわからなくても『青森は出身だけで、育ちは違うから』って答えとけば？」と軽くあしらわれ……。けれど、イベントまで会いに来てくれるファンのなかに、一人また一人と「僕も同県出身なのでうれしいです」と言ってくださる方が現れ、心苦しくて途中からプロフィールをなおしてくれるよう相談しました。それに誰だって生まれ育った地域には特別な感情がありますす。バレとか関係なく出身地自慢ってしたいですよね！

ただ、人によって田舎は単なる出身地以上のコミュニティとして存在するので、そこで友人・親戚にバレるつらさには個人差がある。私自身は東京出身といっても幼稚園から私立に入れられていたので、いわゆる「地元」と呼べる地域社会はありませんでした。さらに人間関係にもあまり思い入れがなく、AVデビューするときも、バレたときのことを考えると面倒で友人・知人の連絡先をほとんど消してしまったくらい。独り好きの自分はそういう生き方が性に合っているのですが、そもそも「バレたらどうしよう」と思うのは、失いたくない関係があってこそ。その気持ちは大事にしてほしいです。

メーカー面接まわり

さて、事務所に所属したらデビューするAVメーカーを決めるべく、マネージャー陣に面接へ連れて行かれます。私は前述したように「アダルトグッズモニター」志望で、ＡＶも10代やハタチそこらの若い年齢ではないからエキストラ以外で話なんて来ないだろうと思っていたのですが、事務所からはＡＶメーカーに連れて行かれるばかりで、ほかの仕事の話なんて一切されない。当時Ｂグループにつながる高収入アルバイトサイトの名前をネット検索したとき、知恵袋などの口コミ情報で「ここはモデル登録だけさせるけどＡＶ以外の仕事は持ってこないので、ＡＶ出る気ない人には向いてない」と書かれていたのですが、本当でした。

新人当初とても違和感を抱いていたのが、ＡＶ業界それも事務所の人間は特に、所属タレントを「女優」ではなく「モデル」と呼ぶこと。これは「撮影会ヌードモデル」としてのみ働いている子もいて、いきなりＡＶ業ができる人材ばかりではない（オファーが来ないだけでなく本人が首を縦に振らない場合もある）からだと思いますが、ＡＶに出る立場からすると「ＡＶ女優」以上に気を使った婉曲表現のような、なにかを誤魔化してるみたいで気持ち悪いのです。

とはいえ事務所は「この子は逃さない」と狙いを定めたら、とにかく口説き落とす。そう思ってもらえるのは女としてありがたいものだけど、私のときに事務員やマネージャーが「メイクで別人のように変身するから全然まわりにバレないよ」「ずっと知り合いにバレてない女優さんもいる」と「バレない」ことを強調していたのはほめられません。

というのも、メーカーに売り込むにあたって準備する宣材写真はナチュラル系メイクで、その子本来の魅力を映し出すもの。加工やメイクが強すぎては素材を判断できないわけです。ありのままの本人らしさが出てなきゃ意味がないし、採用する方だって天然の状態を見て気に入るんだから、別人レベルに見た目が変わっちゃ駄目でしょう。

私は登録した当日に「じゃあ早速、宣材写真を撮りに行きましょう」と年上男性マネージャー2人に代々木のヘアメイクスタジオまで連れて行かれました。衣装は下着からヌード展開と、いきなりハードルが高い！　ただもっと嫌だったのは、その日に美容院でエクステを付けてあこがれの巻き髪にしてもらったばかりなのに「清純派が好まれるから」とストレートに矯正され（もともとが直毛ゆえ巻けるエクステにした）、メイクも完全にオフされてやりなおしてもらったのが、全然可愛くなかったこと。ヘアメイクしたスタイリスト本人も「スタジオ入って来たときの方が良かったね……」と認めていました。

それなのに眼鏡かけたマネージャーは「はい、それでいいです」と、度が合ってないのかな？　と不思議に思うほど力強く頷いていて。「このおじさんたち、プロのくせにセンスださいな」と呆れたのを覚えています。この写真素材を持ち帰ったところ、事務所サイドも「実物の方がずっといい……」と思ったようで、初めての宣材はデビュー後に光の速さでお蔵入りに。正式に女優になった後はあらためて着衣グラビアを撮りなおしたし、ヌードはAVパッケージの画像をプロフィールに載せていました。この世から消したいくらい酷いのでお見せできませんが、すごい太って見えるし、ロリ風に撮っていたはずなのに人妻みたいで「こりゃ売れねぇ～」と我ながら安堵すらしちゃった。

ちなみに2016年にクリスタル映像から発売された天音ありすというロリ巨乳女優さんの作品がヒットした際、大手総合アダルトメーカーの社員が現場で、「ウチも手を出せば良かったなぁ。でも宣材写真が良くなかったんだよ……」ともったいなさそうに呟いていたのを耳にしたので、宣材写真はプロフィールの内容以上に決め手となります。

プロフィールはどこまで本当か

そもそもファンが目にするような通常プロフィールは、趣味も特技も「バレたくないから」と本当のことを明かさないのがデビュー時の基本。私は趣味・特技が英語（英検1級、TOEIC990点取得）なのですが、英語試験の面接官や英会話スクールで講師をしていたこともあって隠してほしいと伝えました。担当者らに自分の人となりを知ってもらうためには説明するけれど、女優として売りにされては困る。つまり、タレントとしては使えない情報になってしまうのです。

AVメーカーの面接室に通されてテーブルにつくと、まず名前や生年月日を書くプロフィール用紙を渡されるものの、その記入欄は「営業」と「本物」に分かれています。芸名はもちろんのこと、前述した出身地だけでなく、生年月日や血液型も本来の情報を変えて設定されるからです。

この〝プロフィール設定〟はAVに限らず着エロやグラビアの世界でも多く、「性を売りにしている」という仕事の特性ゆえ、個人情報が漏れて変なストーカー被害に遭わないよう、事務所側がタレントを守るための危機管理の一環です。嘘をつくのは忍びないなぁと思いつつも、自分の身の安全のためとあってはは受け入れなくてはいけません。実は私が現役時代に公表していたプロフィールの生年月日も〝設定〟でした。イベントに来てくれるファンの皆さんにはトーク中によく「実は違うんですよー」と言っていたのだけど、公には「他の子たちも基本は設定だから、プロフィールが違うことについては極力黙っていて」と事務所に止められたこともあり、無言を貫いていました。最新のプロフィールで生年月日を「非公開」としているのはそのためです。内緒なのは「誕生日は両親さえ知ってればいい」というポリシーなので、あまり言いたくなくて……。友達や恋人間で「祝ったのに祝われてない」とか、お互い覚え合わなきゃいけないプレッシャーも面倒じゃない？

趣味・特技欄には「お菓子作り」や「料理」など男性ウケの良さそうなものが多いし、血液型は人数が多く、めずらしくないA型とO型が無難。もともと「歌手になりたい」など芸能志向が強い女優を売り出すわけでもない限り、デビュー時のプロフィールはあってないようなものです。

NG項目を決める

AVメーカーが人となり以上に重要視する部分は、その女の子が「できるプレイ／できないプレイ」、特に後者の「NG項目」です。キス、ディープキス、オナニー、オモチャ（バイブ・ローター・電マ）、乳首舐め、手コキ、フェラ、イラマチオ、本番（本当にセックスすること）、中出し、剃毛、レズ（ペニスバンドを挿入する・される）、アナル舐め（する・される）、複数プレイ（○人までなら）などなど、非常に細かく項目を分けて「大丈夫なものの方

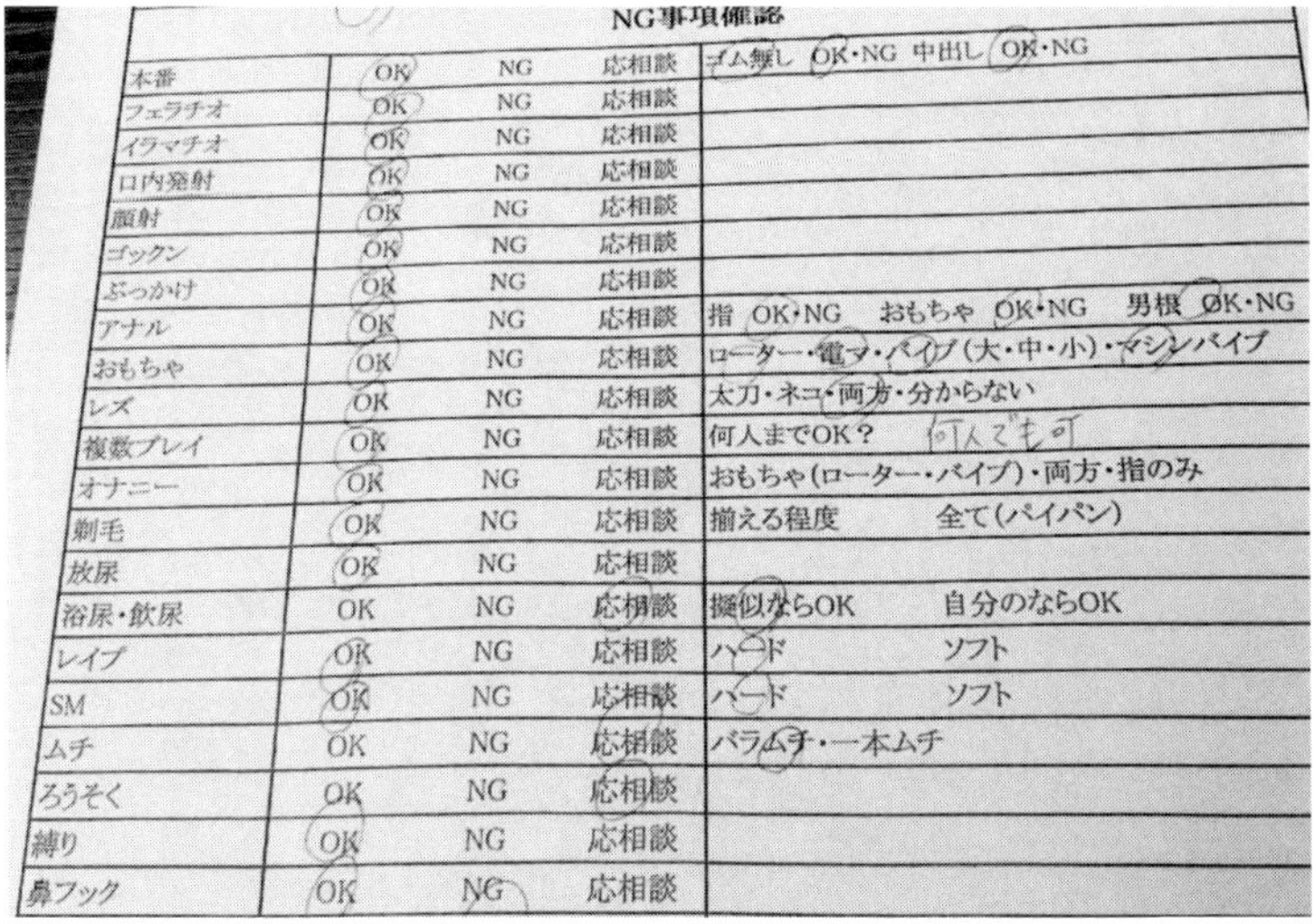

NG事項確認

本番	OK	NG	応相談	ゴム無し OK・NG 中出し OK・NG
フェラチオ	OK	NG	応相談	
イラマチオ	OK	NG	応相談	
口内発射	OK	NG	応相談	
顔射	OK	NG	応相談	
ゴックン	OK	NG	応相談	
ぶっかけ	OK	NG	応相談	
アナル	OK	NG	応相談	指 OK・NG おもちゃ OK・NG 男根 OK・NG
おもちゃ	OK	NG	応相談	ローター・電マ・バイブ(大・中・小)・マシンバイブ
レズ	OK	NG	応相談	太刀・ネコ・両方・分からない
複数プレイ	OK	NG	応相談	何人までOK？ 何人でも可
オナニー	OK	NG	応相談	おもちゃ(ローター・バイブ)・両方・指のみ
剃毛	OK	NG	応相談	揃える程度 全て(パイパン)
放尿	OK	NG	応相談	
浴尿・飲尿	OK	NG	応相談	擬似ならOK 自分のならOK
レイプ	OK	NG	応相談	ハード ソフト
SM	OK	NG	応相談	ハード ソフト
ムチ	OK	NG	応相談	バラムチ・一本ムチ
ろうそく	OK	NG	応相談	
縛り	OK	NG	応相談	
鼻フック	OK	NG	応相談	

フリーランスで女優活動をしているかさいあみちゃんが、インスタに「ほぼNG無し女優」とコメントをつけてアップしていたNGシート。確かにOK項目が多い！

が多ければ、駄目なものだけにバツをつけてください」と説明されます。これらは〝ほんの一部〟で、ほかにも「野外露出」「黒人」「SM（ハード・ソフト）」「緊縛」などメーカーによってはすさまじいエロワードが増え続けていく。

たとえ本人が興味あろうと、基本的にはマネージャーが「アナル、SM、スカトロは×をつけて」と指示してくることが多く、これらを業界では「三大NG」と呼びます。デビュー前ならほかの激しそうなプレイも「要相談」と書かせたり×をつける。後ほど詳しく書きますが、「○○解禁」というフレーズは売り文句になるからです。営業戦略として、最初から簡単に「どうぞどうぞ」と言うわけにはいきません。

さらに質問項目は、初体験の年齢と相手、経験人数（その内でつきあったのは何人か）、彼氏やセフレの有無、自分のエッチ度はどれくらい、などなどプライベートに深く突っ込んだ内容も多い。好きなプレイや性感帯など、とにかく書かなくてはいけない項目が多いので何件も面接をハシゴすると飽き飽きしてきます。それでも「エッチ大好き♥」と元気なノリで話し続けなきゃいけないから、下ネタが飛び交う飲み会に慣れている女性ほど楽にやり過ごせそう。

ちなみに恋人がいるとメーカー側に「彼氏にバレて辞めさせられるのでは」という不安を与えるし、ボーイフレンド公認だと「彼氏がマネージャーぶって現場まで足を運ぼうとしてきた」などという話も聞くので、最初はいても素直に書かない方が賢い選択かもしれません。恥ずかしながら、私は一度も「彼氏あり」に丸を付けたことがなく、実体験じゃないのですが、事務所は女優の恋愛事情をしっかり記録しています。実際に彼氏持ちの女優に対しては「要注意だ」と感じているのがミーティングやマネージャーとの会話で聞こえてきたこともあるので、とりわけ新人のうちは地雷あつかいされるでしょう。定期的に会う相手がいるなら私生活での性病や妊娠のリスクも圧倒的に上がるし、恋愛でメンタルをやられる女子が多いせいか雇う側の受けは悪そう。近年は「寝取られ好きの彼氏に勧められてAV出ちゃいました♪」なんて売り文句もあるけれど、それらは単なる広報用の設定であって、リアルではまったく聞きません。

女優のカテゴリ① 単体女優

ひとことでAV女優といっても、契約によっては撮影が月に一度だけだったり、作品1本丸々ではなく1シーンのみの出演だったりと仕事の形はさまざま。契約内容によって「単体女優」「企画単体女優」「企画女優」の3つにカテゴリ分けされています。

「単体女優」とは、特定のAVメーカーと専属契約を結んでいる女優のこと。「専属」とも称されます。基本的には1社との契約で、月に1本のみのアダルトビデオ撮影が課せられる。その女優のファンは必然的に専属メーカーから発売される新作以外は出演AVを見られないし、女優は専属メーカーの宣伝に必ず協力して、売り上げに貢献しなくてはいけません。つまり囲い込むということなので、当然ながらAV1本の出演料として払うギャラは高くなります。しかしDVD売り上げなどの数字が下がってその金額に見あわないと思われれば、契約満了のタイミングで減額更新または契約解除などが提示されてしまう。日本プロ野球の契約更改みたいな感じですね。

2社専属という場合もありますが、ギャラの交渉や2社間の取り決めなど気を使うことも多い。最近は「VR（ヴァーチャルリアリティ）専属」とうたってVR作品だけに限定するなど、契約の形も変わってきました。また専属期間中は〝レンタル〟という形でグループ内の他メーカーに出演することもよくあります。たとえばSODグループは系列に女性向けアダルト専門の「SILK LABO」や、痴漢など見知らぬ人に無理やり犯される過激な作風が売りの「ナチュラルハイ」など、ほかにも数多くの個性的なメーカーを持っていて、過去には『マジックミラー号』シリーズで有名だった「ディープス」も傘下でした。ちなみに2016年に離れてからは権利の関係上『ザ・マジッククミラー』『マジック・ミラー便』に名称を変更しています。

メインの「SODクリエイト」のなかにも最も華やかな大型単体枠「SOD star」、透明感を放つ純朴そうな美少女売りの「青春時代」、既婚女性ならではの色気と包容力を醸し出す「本物人妻」、本当に社内OLがデビューしたと信じ込ませるほどリアルに作り込む「SOD女子社員」とレーベルが沢山あり、専属契約といっても「どのレーベルに出演しているか」でランクの上下が付けられていて、途中で〝レーベル移籍〟というアップグレードもあります。

専属とは、そのメーカーやレーベルの顔になる存在。ゆえに自由にできない部分もありますが、立場的に大事にされるためお姫様あつかいを求める女優には譲れないポジションです。

ギャラが下がろうとメーカーを移籍しようと専属契約を続ける道を選ぶ人も多いのは、「単体女優」というブランドを捨てたくないという気持ちがあるからでしょう。事務所には単体とそれ以外の女優とのマネジメントを完全に分けているところも多く、オファーされる仕事の質も変わってくるからです。

加えて、AVユーザーの支持を集める看板娘の座を獲得するにはなによりもルックスの良さが重視されるため、大手かつ取りあつかうジャンルが広いメーカーほど万人受けするレベルの高い美女が集まるもの。「専属を獲れる＝それだけ顔やスタイルがいい」と認められたわけなので、デビューで単体オファーをもらえるのは女として非常にうれしい。所属メーカーが優先的に宣伝してくれる分だけバレるリスクも上がるけど、フリー契約でいろんなメーカーから作品を出すのだって十分リスキーなので、新人で専属オファーがあれば余程の悪条件じゃない限りプロダクションもそちらに舵を切ります。

専属からフリーにはいつでもなれるけど、フリーから専属は人気が出ないと難しいし、事務所としてもAV出演料を最も高く交渉できるのはデビュー作なんです。普通の女の子が勇気を出して裸になりセックスを見せるという流れは一人一度きりしかなく、注目を集めますから。

各メーカーによって契約している女の子の雰囲気には特色があり、綺麗なお姉さん系、清楚系、ロリ、巨乳、ギャルといった特徴により「この子は読モっぽいし、プレステージなんて似合いそう」「今までのアタッカーズにはいなかったタイプだ」などと納得や驚きが生まれます。

契約期間も女優によって様々で、3本で切れてしまう子もいれば、最初から1年12本という大型契約を結ぶ子だっています。更新されるかどうかはそのときまでわからないし、減額して更新をオファーされる可能性もあるため、事務所は初めに提示された1本の額と契約期間の長さで、どこが最高の条件かを考えていく。1本の金額も契約期間も年々数字が下がってきているため、10年以上業界にいる女優さんたちは信じられないほど変動を感じているだろうし、プロダクション側が気を使ってベテラン女優への分配だけ多めにしていることもあります。

また複数メーカーからオファーを受ける女優もあれば、1社しか選択肢がない場合も。最初の1本だけ特定のメーカーでデビューし、2本目以降に様々な会社から出演するパターンは「○○専属」とは言わず「○○デビュー」と言い、これは単体女優になりません。

私は前述したようにアリスJAPANからデビュー、半年後にアイデアポケットへ移籍し、合計1年間の単体期間を経て「キカタンになりたい」と事務所に相談しました。「キカタン」とは、「企画単体女優」のことです。

女優のカテゴリ② 企画単体女優

実はわたくしめ、AVデビューするときにある数値目標を立てました。それは売り上げでも出演作数でも「○歳になるまで続ける」という年齢でもなく、「AV男優50人とセックスすること！　事務所の面接でAVを勧められたとき、私の経験人数は47。デビューが決定するまでにプラス3人とベッドインして私生活での数字をキリ良く50人にし、これから待ち構えるアダルト現場でもう50人と肌を合わせて「友だち100人できるかな」の感覚で100を目指そうと狙っていたのです。

どんな発想？　と理解しにくいかもしれませんが、もともとアダルトグッズモニターをやりたくて来たのに、AV出演する流れに話を持っていかれてしまった私。AVエキストラだのヌード撮影会モデルだのいろんなお仕事の種類を挙げていたけど、〝AVモデル〟という名の女優業に関しては、スタッフが話す熱量も目の鋭さも違い、一度うなずけば取り返せないような威圧感が……。しかし興味はあっても、自分がAV女優になった未来を考えると怖い想像ばかりが浮かんで足がすくみます。そこで「大人のオモチャの代わりにAV男優のモニターすると思えばいいじゃん！」と発想の転換をすることにより、自分を無理やりポジティブな気分にさせたかったのです。

「お金を稼がなきゃいけない」「断りにくいからやろう」という後ろ向きな選択じゃなく、楽しそうだから自ら飛び込んだというスタンスでいたかった。また、新しい業界に入るにあたって興味を引く個性的な志望動機を持ちたいという理由もありました。「エッチが好き」「稼げる」「有名になりたい」なんて理由、ぜんぜん面白くないでしょ？　ちなみに「ちゃんとセックスした相手を数えてるのに驚き」とよく言われましたが、それって私がスポーツ記者としてプロ野球を取材していた2013年は〝記録の年〟で、バレンティン選手が60本塁打、マー君こと田中将大投手が30連勝だったことの影響が大きいかも。

しかしいざデビューしてみると、専属契約ゆえAV撮影は1ヶ月に一度のみ。同じ監督が続いて、その監督が呼ぶ男優は同じメンツばかりで、メーカーを移籍しても1年間の12本で19人しか人数は増えませんでした。ちなみにパイズリやフェラだけの相手は経験人数としてカウントせず。下のお口に挿入された場合に限ります。

アダルトグッズモニターの話を聞きに事務所へ足を運んだのは2014年5月で、その前年は社会人生活のストレスから頻繁に新しい男性器と出会っていたため記録は30人。19人では、デビュー前より圧倒的に低い数字です。しかも数えやすいようにと100人達成するまではプライベートでもすべて絶っていたので、もうAVしかエロいことするチャンスがないってのに！　こんなんじゃヤッてられない！　もっとヤラせろー!!　と企画単体への転向を強く訴えました。

キカタンはメーカーと専属契約を結んでいないため、いくらでもAV撮影へ身を投じることが可能です。ギャラも仕事の量も青天井になるし、各メーカーによって特色も違うから、いろいろな現場を見たかった私に向いてるのはキカタンでした。

このモチベーションはめずらしかったようで、私がキカタンで撮り始めることが決まった2015年6月にベテランAV男優さんが「ある単体女優さん、『月1回の撮影だけではあまる性欲を満たせない』という理由で、これから企画単体女優に転向するんだそうです。メーカーさんとの専属契約がなくなると拘束がとけて、いつ何時どこの作品にも出演できると試合数増やしたいがため転向するのはレアケース。応援したいッス」とツイートしてくれたほど。当時はまだ単体女優として所属するメーカーから作品が出ていたので、名前を伏せていてくれました。専属期間中は、契約を更新しないことが決まってほかの現場で撮影をし始めていても、その情報は契約が終了する月末ギリギリまで隠さなくてはいけません。発売したばかりである専属作品の売り上げに影響するからです。

男優さんにまで驚かれるとは意外でしたが、それもそのはず、単体から企画単体になることに対して、一般的には「専属から〝外れ〟た」「キカタン〝堕ち〟した」というネガティブなイメージが抱かれます。華々しいアイドルである単体女優というポジションから降りる理由などないというわけ。

しかし実際には、キカタンになった方が多数のメーカーから作品が出るため知名度が上がり、人気が出るパターンも多い。そしてなにより、収入が倍以上飛躍する！　私の場合は最初の月が単体女優時代の4倍でした。

専属契約ではないから1本のギャラは単体のころより下がるものの、出演本数が増え、月10〜15本は余裕でオファーされるため、時間と体力が許せば収入は上限がありません。人気女優なら「店舗イベントのDVD売り上げも期待できるから」と販売協力もオファーされます。2店舗回ってたくさんのお客さん相手にコスプレや水着姿でサイン・握手・写真撮影をしても、入るギャラは最大2万円と〝お気持ち程度〟の額ですが、クライアントにまた撮影オファーしてもらうためのアピールとして効果が高いし、なにより少なかろうと謝礼を払ってもらえることに感謝します。だって専属のときは、どんなイベントに出てもギャラが発生しなかったから。

そもそもメーカー専属時代は「単体女優は固定月収制」といわれ、メディア出演も雑誌インタビューも「専属契約に含まれる宣伝活動」として一切ギャラを貰えませんでした。AVメーカーから頼まれる業務のみではなく、出版社から受けるグラビアなどのギャラも、単体女優として働く限りは月収に含まれる。〝AV出演料〟の名目だけで、その他すべての労働が包括されていたのです。にもかかわらず、「監督や男優とスケジュールが合わない」などの理由で撮影が来月にずれると、その月は一銭もギャラが入らない。セックス以外のことはタダ働きだけど、セックスしなきゃお金は発生しない……。取材やチェキ撮りなどほかの仕事をこなしてもAVを撮らないと請求書を作れないため、フラストレーションが溜まりました。

ギャラの仕組みは各事務所のマネジメントによっても違いますが、私がデビューしたプロダクションはこの〝ご都合サブスク制度〟でした。単体時代に決まったコラム連載も、雑誌の見開き2ページをほぼ文字で埋めるという大変な作業だったのにノーギャラ。企画単体になった瞬間に「今まで専属は固定ギャラって言われて黙ってるしかなかったけど、女優がアイデアを出して文章もすべて書いて、マネージャーはメールで担当者に文書を送る作業だけ。この労力に対価を払わない神経はどうかしてる」と文句を言ったほどです。

単体では撮影した月のみの固定ギャラ支給なのに対して、キカタンならAV1本の出演料とは別に広報・芸能活動のギャラも請求できる。おかげで「どこまでが仕事でどこからがボランティアなのか」という懐疑心もなくなり、気持ちよく働けるようになりました。アダルトビデオ出演以外の仕事で魅力的な金額を提示されることなんてほとんどないけれど、金額を支払われることで「労力を認めてもらった」と満足感を覚えるのです。

万が一ギャラの出ない仕事を振られても、企画単体になると撮影日が増えてスケジュールが埋まるため、多忙を理由に断りやすい。一度だけAVを撮ったメーカーから、マネージャー経由で「特典でパンチェキ（女優が生履きしたパンティとその姿のチェキが証拠写真として付く）を作りたいから、弊社まで撮影に来てくれないかって聞かれたんだけど。ノーギャラで」と確認がありましたが「じゃあこの忙しいなか受けられませんよね。先方には次の仕事をオファーしてもらってるわけじゃないし、業界最大手のメーカーでもないし、必死で媚びを売る必要性がない」と容赦なくお断りしました。特典チェキはAV撮影のお昼休憩中など合間に撮ることが多く、別日になるのは取材や次回作の打ち合わせなどで伺う〝ついで〟の場合のみでした。チェキを撮るためだけの来社は女優にとっても同伴マネージャーにとっても負担ゆえ、専属契約やすでに何作品も継続出演している関係性のメーカーでないと受ける義理はありません。

結果的にクライアント側が「チェキが撮れないと売り上げに響く」と所属プロダクションまで足を運んでくれることになり、パンティ1枚の姿になった私は、広報さんたちに次々と撮影されました。謝礼も5000円頂戴できました！　月にAVを1本しか撮影しなくていい単体女優相手だと「数時間くらい協力してくれても構わないだろう」となるのを、いろんな作品のパッケージで見る企画単体女優が現れたならば、「お忙しいところスミマセン」と低姿勢になってくれます。

こうして綴るとキカタンは金銭的にいいことだらけのように聞こえますが、転向するタイミングは大切です。私自身は早く専属という縛りから抜け出したかったのですが、マネージャーたちが戦略的に道筋を考えてくれ、高めのギャラ設定で上手く軌道に乗ることができたのは大きかった。女優が稼いだ分だけ所属プロダクションも同様に潤うため、抱えるタレントの少ないところほど「この子の代わりは今いない」と必死になって営業してくれるのでしょう。デビューしたBグループは親切な内勤スタッフを除いてオーナーもベテランマネージャーも心の底から苦手でしたが、この件については強引に動いてくれたことに感謝しています。

実を言うと事務所を移籍した後は、業界で様々なプロデューサーや監督から、「果歩ちゃんが前いたとこは、ギャラにうるさいわ高額ふっかけてくるわで、当時はオファーしてもぜんぜんお仕事できなかったんだよ」とさんざん愚痴られましたが、そのスタンスのおかげで企画単体になった途端に稼ぎがよくなったのはまちがいない。

とはいえ手前みそになりますが、私はいろんなプレイやAV現場を経験したかったから、メーカーもジャンルも好き嫌いせず、プロダクションが「そろそろ○○解禁するのはどう？」と〝説得〟する必要もなかった。むしろ「解禁するタイミングもメーカーもお任せします」と伝えていたのでマネージャー陣は交渉し放題でした。1年間のメーカー専属中、何ひとつハードなプレイを解禁していなかったのも有利に働いたと思います。ドラフト会議のように各メーカーが手を挙げてくれるし、最後はクジ引きでなく入札で高額を提示したところに決まる。「ヤンキースはNYで寒さがきつい」とか「この球団なら二刀流で育成してくれる」などと様々な検討条件が付くメジャー交渉とも違い、AVの世界はシンプルにお金なんです。それが、各メーカーとあとくされなく仕事できるキカタン最大の強み。

専属契約中はどうしても媚びを売る立場になるし、ギャラだって足元を見られがちでしょう。事実、大手専属を何メーカーも渡り歩いてきたある単体女優は「アナル解禁してもプラス10万って言われちゃった。マジ意味ないよね」とため息まじりでした。私がアタッカーズから初アナル作品に出演したときは、同メーカーで撮った普通の作品よりプラス25万。キャリアが長すぎると引退作でもない限り解禁うんぬんに注目されづらく、話題になる鮮度というのもあるのです。

しかし、目先の収入が増えても単体でなくなれば、「メーカー専属じゃない女優」としてスタッフやマネージャーからのあつかいが以前と比べてぞんざいに感じることもあります。女優自身、専属を離れるなら給与明細だけでなく仕事環境すら大きく変わる覚悟を決めなくてはいけない。キカタン前の専属期間は短すぎても「移籍先がなかったのか」、長すぎても「引退前の荒稼ぎか」など否定的に受け取られがちで、プライドが傷つけられることもあるでしょう。

精神的ストレスだけでなく、撮影が増えることで肉体だって酷使されます。「専属契約を終えて、これから企画単体になります」と発表すれば、ファンは「とうとうキカタンに！　あのメーカーやあの人気企画に出てくれるならありがたい!!」と喜ぶだけでなく「大丈夫かね。撮影続きで身体壊さないかな……」と心配もしているもの。

私ですら当時は撮影ラッシュで体力を削られ、月に何度も繰り返し風邪を引いていたし、ソープ作品の撮影が3本もあった週は、ローションや泡まみれの全裸状態に参って、休憩時は頭痛や吐き気に悩まされました。

また、体調不良で入院までしたキカタン女優を何人も知っています。ただでさえAV撮影の現場は裸になるし、他人と粘膜を擦り合わせて接触するし、何回もシャワーを浴びるし、そりゃ免疫力が低下して当然ですよね。そのせいか突然の休業宣言をする企画単体女優はめずらしくなく、そのままフェードアウトなんてことも。5年以上のベテラン人気女優になると、SNSから適度に離れてこっそり撮影本数をセーブしたり、短期の休みをとってリフレッシュしてから現場復帰していたり、上手く続ける術を見つけているよう。

AVメーカーやプロダクションが最も大事にする女優は、まぎれもなく単体。しかしときに単体を押さえ込んでキカタンが稼ぎ頭だったりすることもあるし、撮影現場の経験値も高くなるため、現場では大物やレジェンドあつかいされる。なによりキカタンは女優ヒエラルキーで言えば二番手といえど、ＡＶ出演で一番稼げるカテゴリ。体力と性欲や好奇心が強い女子にとっては、メリットずくめです。

ただし最初から選んでなれるものではなく、すでに名を知られていた単体が企画単体に移行して話題になるのと、無名の女優が有名になって成り上がるパターンがあります。そして後者の〝世に知られていない女優〟が、立場も収入も3番手のカテゴリに入るというわけです。

女優のカテゴリ③ 企画女優

ＡＶには大きく分けて「単体もの」と「企画もの」があります。「人妻」とか「ロリ」とかいう性癖ジャンル以前に、まずこの2種類に分かれるのです。パッケージ写真で女優がバーンとモデルのようにポーズしていて顔も身体もよく見え、女優名もしっかり載っている。または「かほ（24歳）」みたいな名前ではなく「澁谷果歩」と隠す気がない名前をつけていたり、女優で検索すれば大手通販サイトに結果として出てくる作品が前者。パッケージで出演者の写真に黒い目線が入っていて芸名も記載されておらず、「本当にあった話」「盗撮しちゃいました」感が漂っているのが後者になります。

メーカーと専属契約があり「単体もの」にしか出演しないのが〝単体女優〟、フリー契約なので「企画もの」にも出るけれど女優として知名度が十分あるから「単体もの」にも多く出演するのが〝企画単体女優〟。そして撮影のオファーが「企画もの」ばかりなのが〝企画女優〟。つまり、無名と言われる女優はほとんどが企画女優と判断されます。

比較的知名度が低くても単体や元単体なら、マネージャーは面接で「○○専属なんです」「△△デビューでして」と積極的にメーカー名で勝負します。その次に、Iカップの胸とか170センチの高身長といった引きのあるスタイルを伝えるか、事実なら中洲の現役ソープ嬢だの処女だのといった特性を明かす。それほど「有名メーカーの単体作品に出られるレベル」というのは立派なアピールポイントなのです。数本の単体契約の後に一気に企画女優になった人も多くいますが、ルックスが飛び抜けていいのでエース級に活躍できるでしょう。

有名女優が使われていると作品からリアリティが消えてしまうため、「これは作り物なんだ」と敬遠するユーザーも一定数います。そこで可愛いけれど、THE・女優感がなく、普通の子っぽい配役を求める場合、企画女優に白羽の矢が立つというわけ。企画女優には会社員などほかの仕事をメインでしながら空いた時間を利用して活動している子が多いので、マニアックでギャラの安い短時間撮影もオファーしやすい。名前で勝負はしていないけれど、彼女らもアダルトビデオに必要な存在なんです。普通のテレビ制作が月9ドラマだけでなくバラエティの再現VTRに出演できる俳優を探すように、AVだってネクストスターばかり求めているわけじゃない。「割のいいバイト」感覚で出てくれる方が、お互い楽だという現場もあります。

よく一般的に「素人もの」と呼ばれるアダルト動画は、企画ものを意味しています。AVをよく見るけど「俺、素人ものが好きだから女優名は全然わかんないんだよね～」と言う男性も多いですよね。私もアニメを昼夜嗜むオタクだけど、声優さんにまったく詳しくないので気持ちはわかる。監督やスタジオなどの制作背景の情報にまで詳しいと世界観に集中できないし、なんなら原作すら最初は知らない方がより素直に楽しめているかも……。ただ〝中の人〟次第で作品に興味を持つわけじゃないとはいえ、「魅力的なキャラクターを作ってくれてありがとう」という感謝の気持ちはあふれてる。ファンじゃない＝リスペクトしていない、ということではないんです。

オタク熱で話がずれてしまいそうなので戻しますが、素人系アダルト動画にばかり出る企画女優は〝AV女優〟として注目される機会が少ないため、事務所側に「バレにくいよ」と出演を勧められる場合があります。どんなに可愛くてスタイルがいい子でも、本人に目立つ覚悟と意志がなければ大手AVメーカーに単体候補として連れて行けないため、芸能へのあこがれもなく、「とにかくコソコソやってお金だけ欲しい」タイプは企画に流されます。それでもプロダクションとしては仕事を続けてくれる限り、いずれ業界内の打ち上げやパーティーに呼ぶことで、ほかの有名女優の活躍を目にした彼女らに「私も頑張りたい」と火をつけさせることもできる。ポテンシャルさえあれば、後からの追い上げは可能です。

実際、企画スタートだった女の子が人気キカタンに成り上がったり、専属契約を勝ち取って単体になった例もあります。名前を変えて心機一転デビューしなおす場合もあれば、芸名はそのままでメイクや髪の色の変化から徐々にイメージチェンジを図ったり。コツコツと企画撮影でお金を貯めて定期的に美容外科へ通い少しずつ見た目をアップデートしていき、出演も増えて人気が出始めるパターンが定石です。

メーカーからのイベント出演要請やPR希望が多い単体女優や、沢山お仕事してなんぼの企画単体女優は長期休暇の申請自体がむずかしい。オファーが少なく代わりがきく企画女優のうちに顔や身体のメンテナンスをしておくのは、AV女優として一番賢い選択かもしれません。デビューから単体だと過去の画像がたくさん出回ってしまうため、もう今は見たくない自分の写真をSNSのアイコンにしているファンも多い。2019年、ベテラン単体女優のデビュー時のメーカーの作品だけが大手動画サイトFANZA（前DMM.R18）から消えていましたが、「昔の顔が今と違いすぎて嫌みたいだ」ともっぱらの噂です。その気持ち、わかる。

ある有名単体女優がいる事務所に移った元マネージャーは、「あの子ちょいちょい手を加えたがるから休みの調整が大変なんだよね。一番の売れっ子だしNOと言えないけど」と文句を言っていました。単体になると「勝手に商品価値である外見のイメージを変えるのは契約違反だ」と言われてしまうので、整形手術を決断する前にはかならず事務所に相談して、メーカーへお伺いを立てなくてはいけません。でも企画女優ならプロフィール写真を変えなくてはいけないほどルックスが変わっても安く撮りなおせばいいだけだし、単体ものに出られるレベルの容姿になるならすぐに元は取れる。企画女優は注目されない代わりに、最も自由に動けるカテゴリと言えます。

撮影までのスケジュール

デビューするメーカーが決まれば、後日契約書にサインをして、次々とスケジュールが決まっていきます。大体のAVは撮影して2ヶ月後に発売というペースが普通ですが、最初の情報解禁までが早いと女の子が「バレたらどうしよう」と不安になってしまい、その精神状態が仕事に悪影響を及ぼしがち。そこで身元バレした影響で辞めそうな可能性が高い女優ほど発売日を遅く設定して、それまでに複数本を撮り終えてしまう計画が推奨されます。通常、デビュー告知は発売1ヶ月前なので、それまで女優のデータが世の中に発信されることもなく、安心してAVを撮ることだけに集中させられるからです。

現在は「アダルト業界で働く女性を守ろう」とする動きが社会的に活発なため、女優が強気に出れば出演AVを販売停止にする働きかけは比較的簡単にできるし、違約金だなんだとふっかけられる心配もありません。しかし2014年当時は「撮ってしまえば発売されるし、発売中止は『裕福な家庭な子の親が大金出して止めた』前例しかない」というのが常識でした。事実、アリスJAPANの取締役も務めるプロデューサーは、私をデビューさせる際、一般的に高収入なイメージの職業である父親が知れば必死で辞めさせようとするだろうと懸念し、「発売が取り止めになったら、差し止め金は必ず負担してくれ」と繰り返し言ってきたと事務所がこぼしていました。

当時そんなことは私に一言だって明かさず、誰もが毎回現場に足を運んでニコニコおだててくれてたっけ。プロデューサーにとって「女優の撮影現場に行く」という行為は、「気にかけているよ」という思いやりを示すアピールなんです。マネージャーもメーカーに契約更新してもらいやすい良好な関係を築こうと、女優を含めた飲み会や食事会をセッティングするので、自分会う回数は増えていく。下戸で独り好きの私はそんなつきあいが面倒くさかったものの、自分の居場所ができてうれしい寂しがり屋女子もいるでしょう。もちろん、メーカーも事務所も「監視」の意味合いを含めて女優の様子を定期的に見ているのだけど。

私のデビュー時は、まず最初に「テスト撮影」と言われて着衣やヌードで写真を撮って雰囲気やヘアメイクの映りを確認する日があり、あらためてDVDパッケージ用のスチール撮影。その後、本編VTRが2日間にわたって撮影され、発売告知前にはメーカーへ行って特典付き販売のためのチェキ撮影&サイン書きをしました。所属していた事務所の〝単体女優ルール〟としてAVを撮らなければ請求書を書けなかったので、やたらと時間と手間を取られる割には全然ギャラが入らず不満だったのを覚えています。

パッケージを撮影する

VHSが消え、円盤どころか違法ダウンロードが主流になった現在のAV業界は、経費削減のため本編の撮影日にパッケージ撮影も特典チェキ撮りも行うのが通例です。しかし専属契約にサインした新人となれば、一気に身体的負担をかけてしまって女優から「やっぱり続けるの無理です」と弱音を吐かれないためにも、少しずつ業務を終わらせるよう慎重に動く傾向があります。その1つが、将来的に発売作品のパッケージとなるスチールのみの撮影です。

私は「テスト撮影」で撮ったものが結局パッケージになり、別日にパッケージ用に撮った写真はパッケージの背面や紹介画像などに使われました。当時はテスト撮りを「カメラの前に立つ行為自体に慣れていないだろうから」と説明されたけれど、いきなり男優さんとセックスする動画を撮る前に、まず単独ヌードのスチール撮影から始めて心の準備をさせるだけでなく、宣伝用の素材を沢山集めておく意図もある。デビューしたばかりで情報も少なく、SNSすら存在していない女優なら、ファンはいろんな角度の写真があった方がうれしいですし、パッケージだけだと、正直あまり参考になりません。

なぜなら、パッケージ写真はPR用画像のなかで最もレタッチが激しい、つまり一番強く修正が施された1枚で、メーカーによっては特有の補整癖があるのか全員同じような顔に見えることすらあります。だから、よくも悪くもパッケージと本人の印象が違うという事態が起こってしまう。加えて、デビュー前の告知は、AVユーザーの興味を引きつけるためにもパッケージ写真以外は公開しない宣伝手法が多い。事務所のSNSでも顔を隠していたり、原形が迷子になる加工アプリで写真をアップされていたり、パッケージのイメージ通りの女優が出てくるかわからないのです。

ちなみに顔だけでなく、AVパッケージはウエストや胸の大きさなどの体形も派手に変えてしまう傾向があります。私が引退作を撮ったFitchは業界最大手WILLの単体メーカーながら、むちむち豊満ボディ好きに向けたコンセプトのため、パッケージ写真にぽっちゃり感が足されます。現役時代は沢山オファーをいただき大変お世話になったのですが、発売告知が開始するたびに「今回はパッケージ、どんだけ太くなってるかな?」とビクビクしていました……。ぽちゃ好き男性ユーザーのためとはいえ、女性としては写真の加工に肥大化より痩身を期待します。

写真を撮るためだけにスタジオをレンタルするのもスタッフを集めるのも予算がもったいないと、パッケージ撮影日のみを設けることはどんどん減っていますが、「パケ買い」「パケ詐欺」という言葉もあるように表紙絵で釣るのは重要なマーケティング要素。限られた時間のなかでポージングを次々と披露し、短時間で写真映えして使える画像をいっぱい量産してくれるというのも、いまや〝できる女優〟の条件なのです。

本編撮影は終日拘束

ヌード写真や営業用のプロフィールを作ったところで、AVに出演してエッチな行為を見せない限り女優とは呼べない。一番大事な仕事は、アダルト要素が多く含まれるVTR撮影にあります。

通常、撮影の一日は都内スタジオに8〜9時入りの22〜23時終わりくらい。すでに何シリーズもやっていてパターン化されている作品は制作側も準備に手慣れているのでずっと早く終わりますが、長時間借りた方がお得なスタジオなら15分程度のVR作品も複数本まとめて撮ってしまうなどして24時――業界用語でいう〝テッペン〟――を回るギリギリまで文字通り終日拘束されることが多い。ちなみにこの時間はパッケージ写真や特典用の素材撮影などを含んだものので、VTRだけなら19時前解散がほとんどです。

制作側としては一日だけで撮りつくしたいけれど、女優の身体が持たなくて2日間に分けてもらうよう事務所サイドが交渉する場合もあります。同じプロダクションで後輩だった新人単体女優は、大人気になったにもかかわらず、本人は「毎回、現場でアソコが痛いんです。よく当たる占い師にも子宮の病気にかかるって言われて」と不安がちで辞めそうな雰囲気だったため、デビューからすべて1日で終えていた撮影スケジュールが途中から2日に増えていました。とはいえ契約が残っていてメーカーも事務所も手放したくない人気単体女優でなきゃ、そんな配慮はしてもらえません。替えがきく企画単体女優や企画女優は、撮影をいくらでもこなす体力があってナンボ。

基本的に単体女優の出演作には、3回のセックス展開が含まれます。性交するシーンをAV業界では「絡み」と呼ぶのですが、作品の尺的に2~3絡みが必要で、ガチ処女や手の込んだドキュメンタリーでもない限り1絡みで成立することはなかなかない。絡みが減ればインタビューやイメージ映像という名のヌードグラビア動画、オナニーや手コキ・フェラ・パイズリにオモチャ責めなど男性器挿入を含まないエロ場面で補います。AVメーカーとフリーで契約する企画単体&企画女優は、エロ度合いよりも絡みの数でギャラが大きく変わるもの。ならば一定の金額で専属契約している単体女優は絡みが多いほど〝お得〟になるので、3絡みがスタンダード。1日に3回、それも各絡みで1時間近く撮るのだから、「そんなに摩擦されたらヒリヒリしちゃう」と弱音を吐くのも当然です。

また女優の体力的な問題だけでなく、デビュー作や本格的なドキュメンタリー、ドラマ作品などは制作サイドに、「じっくり丁寧に撮りたい」という意思があるため、2日以上かける撮影スケジュールもめずらしくありません。しかし〝経費〟というビジネス上どうしても無視できない部分がネック。また多忙な出演者やスタッフのスケジュールを複数日も揃えることができず、すべて1日で撮る運びになることがほとんどです。超大作なので値段もほかのAVより高く設定できるし、その撮影期間で何本も他のDVDが作れる、というような利益効率のよさが見えない限りは終日でやり切ります。

たとえば「タオル一枚で女子が男湯に入ってみる」といった一般男女モニタリングものなど、同じシチュエーションで役者が入れ替わる企画作品は、各女子の拘束時間も半日以下と短いのですが、単体作品は1人の女優が出ずっぱり。そういう場合はAV女優がSNSで「これからセックスシーンだよ♪」なんて現在進行中の撮影状況を伝える様子も見られる。

どの撮影にもタイムスケジュールを書いた香盤表が用意され、〈14：00〜ランチ休憩〉や〈23：30 完全撤収〉など大体の目安が示されています。予定より早くスケジュールが動いていることを「巻いてる」、遅れていれば「押してる」と映像業界用語で表現するのですが、この目標時間が大きくずれてしまうことは日常茶飯事。特に制作陣の段取り・手際の良さと、男優の勃ち・射精力によって何時間も変わってしまいます。

ところが早く終わるとスタッフは必ず「○○ちゃんのおかげだよ」と主演女優をほめてくれるのです。でも本当は巻けてるからって女優をほめる必要はありません。スムーズに撮影が進むのはスタッフが現場セッティングやカメラワークをてきぱきやってくれるのが大きいし、ヘアメイクさんだって髪形や化粧を手早くなおしてくれたりと、AVには女優・男優・監督以外にいろんな人が関わっている。主演なんて関係なく、裏方を含めた全員で作ってるんだから、いいときも悪いときも全体責任でいいのに。

そんなＡＶ現場では「女優はお姫様あつかいすべき」という風潮が当然のように存在していて、あまりの〝気づかってます〟アピールにこちらが恐縮してしまうこともしばしば。グラドル出身の単体女優でさえ、「ＡＶってグラビアと違って本当にアイドル待遇だよねぇ」と驚いていたほど。私が単体から企画単体になるときはマネージャーに、「専属の現場と一緒じゃないからね。あつかわれ方が雑で嫌な思いするかもだよ！　覚悟しといて!!」と心配されたけど、小さいメーカーさんの方が「うちなんかに来てもらって」「こんな物しか出せませんが」とめちゃくちゃ低姿勢に接待してくれました。ケチで現場にお菓子も用意してくれない現場だと男優さんが気を使って「チョコとか好きですか？　買ってきますよ、ここ何も出ないんで」と差し入れてくださったなぁ……。

ＦＡプロという昭和感漂う近親相姦系作品が多い（なんせＦＡはFamily Adultの略だから！）ＡＶメーカーはヘンリー塚本監督が設立者であり、70歳を超えても大きなカメラを担いで自分で撮影する、現場で最も偉い方。ゆえに初めて出演した際は、各スタッフさんから何度も「ごめんよ、うちの会社は『監督が女優』なんだ」と謝られました。文句なんて一言も発してないのだけど、「本来は貴女に一番気を使うべきなのに申し訳ない。気分を悪くしないでね」と伝えたかったのでしょう。

当時はあからさまなＡＶ女優に対するご機嫌うかがいを、「白々しさと嘘くささがむしろ怖くてやめてほしいな」と思っていたし、ビジネス相手として普通に接してもらいたかった。女優の後ろにはうるさそうな事務所やマネージャーの存在がチラつくせいで、遠慮がちになるのはわかるけど。ただ、さすがに撮影が早く終わって女優をおだてるのは、遅れた場合に「私のせいかな……」と落ち込ませる可能性もあるから控えた方がいいと思う。

個人的には現場進行に関して素直に受け止められた感謝の言葉は、「果歩ちゃん、喫煙者じゃないから助かるよ。女優さんがタバコ休憩ばっかり取ると撮影の腰折られるから」と言われたときだけでしたね。

購入者特典としてのパンツ&チェキ

アダルトＤＶＤを店頭や通販で購入したことがある方はご存知でしょうが、特典付き商品として「生履きパンティ付き」や「チェキ付き」が用意されています。チェキだけならトップレスや水着もしくはランジェリー、劇中衣装などいろいろなバリエーションがあり、パンティの場合は履いた証拠として着用チェキや生写真も一緒に入っています。どちらも最低１００枚以上、メーカーによっては売り上げを見込んで３００～４００枚まで作ることも。

そんなにパンツ脱ぎ履きするの!?　とおどろかれるかもしれませんが、言いにくいことに〝同じ種類の下着を何枚も用意〟してチェキや写真だけ無限に撮り続ける会社の方が圧倒的に多い……。なかには「股間に当ててるだけはしてもらっていいですか？」と頼むこだわりのメーカー広報さんもいたっけ。やはり特典付きの方が売れるので、効率と利益を考えて大量にパンツを購入し、写真のパターンをできるだけ多く準備するそうです。

とはいえ実際に100枚以上を着替えることもあるし、そのたびにいろんなポージングと表情で何枚も写真を撮られるのは結構な体力を消耗します。女優が打ち合わせで来社するついでや、チェキ製作のために「数時間スケジュールを空けて来てほしい」と依頼される場合もあるけれど、大抵は撮影日に広報スタッフが現場を訪れて撮ったり、ADさんら現場スタッフが撮影スケジュール内で行うように指示されている。「休憩時間にサイン書いといてください」と言われ、香盤表より押していて間に合わないときは持ち帰ってサインをし、事務所マネージャーに渡します。撮影日はSNS用の写真を撮ってリアルタイムで告知してほしいと頼まれることもあるし、休憩とは名ばかりです。

しかし、ひとつひとつパンティとチェキを梱包するのも手作業なので大変だろうなと思います。中には染みを作成するためにジャスミン茶を数滴こぼすこともあるとか！　黄み具合だけでなく、お花のいい香りがするのがポイントらしいです。

バレないためのパブリシティ制限

AVや着エロなど人に言いにくいジャンルには、芸能活動でありながら「パブ制限」という宣伝媒体の規制が存在します。「パブ」とは「パブリシティ」の略で、宣伝媒体としてどこまで顔出しOKかという確認です。たとえば、ネット上のサムネイル画像やパッケージで黒い目線が入って顔が隠されているアダルト動画を見たことがないでしょうか？　作品内では顔がしっかり出ているのに、宣伝の時だけパブ制限により隠れています。ただしこれは必ずしも女優側が顔バレしたくなくてメーカーにお願いしている場合だけじゃなく、〝ガチの流出動画〟と思わせるための演出という意味合いもある。しかし目線が入っているのは企画作品だけで、単体女優を売り出す際に「パッケージで顔出しNG」はありえません。

専属契約している女優がそのAVメーカーの〝顔〟としてあつかわれることは前述した通りです。よって、宣伝時にその女優の顔を隠すなんて、「これから新人さんがデビューします！　まだ見せられないけどお楽しみに♪」という〝焦らし作戦〟でもなきゃ無理な話。私のデビュー前の専属オファーのなかには、SODのみ「興味を引くから本当の経歴をさらしてほしい。でもバレないようプロレスのマスクを被らせる」と突飛なものがありましたが……。それも女性社員がAV出演するのと同じく、数ヶ月でマスクを取るのが規定路線だったでしょう。

メーカーのウェブサイトやアダルト雑誌など宣伝媒体に載るのは当然の単体女優でも、パブの制限は存在します。たとえばSNSに写真をアップしない、イベントに出演しない、インタビューを受けない、などなど。細かい指示だと、私服は無理なので衣装を用意してほしい、自前メイクじゃなくプロにしてもらいたいとか、すべては「知り合いにバレるんじゃないか」という不安を軽減させるためのものです。私服NGや自メイクNGは経費がかかるのはもちろんだけれど、主に3種類のパブが制限されると、それに付随してデメリットが生じます。

①パッケージの顔出しNG　↓企画作品しか出演できない
②SNSや宣伝媒体での顔出しNG　↓大々的に売り出せない

③ファンの前で顔出しNG　→発売イベントに協力できない

AV業界では、このパブ制限をゆるめていくことを「パブを開く」といいます。プロダクションもメーカーも、パブは開いてくれている方がありがたい。すべては女優本人が「バレたって構わない」と思えるかどうかにかかっているんです。

安心、いや、覚悟してください。いずれはバレます。そして、その日が来るまでずっと「バレたらどうしよう」という不安はつきまとう。だからって「最初から吹っ切れろ!!」と他人が言う筋合いはありませんし、たとえ言われようが、自分自身の人生なんだから聞く必要なんてありません。AV女優が少しずつ、心の準備をしながら働ける方法がパブ制限なのです。

紙媒体にはAV専門情報誌だけでなく、『アサヒ芸能』や『週刊プレイボーイ』などAV女優のヌードグラビアが載る一般誌があります。また、インターネットやケーブルTVには『スカパー!』や『AbemaTV』があり、地上波の他にもメディアのプラットフォームは多岐にわたる。最初はバレ防止としてパブを狭くしておいて、人気が出てきたり女優本人のモチベーションが上がればパブを徐々に開いていくのが一般的なマネジメント戦略になります。

私がデビューした時の事務所は高収入アルバイト系で「パーツモデル」や「アダルトグッズモニター」の募集に来た女の子を口説きAVを紹介するシステムだったし、当時は私以外に単体女優が1人いただけでプロダクションの知名度も低く、「バレたくない」派が圧倒的多数を占めていたため、まさにその〝段々とパブを開いていく〟スタイルばかりでした。すでにいた専属女優は最初からパブを開いていたため、さぞかしやる気があったのかと思いきや、「実はAVだってよくわからなくて。アイドル活動にあこがれてただけだから……」と上手く流されたような印象を受けます。

しかし所属女優がパブを開き、徐々に知名度が上がっていくと、「今日の面接で、澁谷さんのファンだって子が来ましたよ！」と言ってもらえたり、ちゃんとAV女優を目指して応募してくる女子が来るようになるので「AVだって知らなかった」「AVに出るつもりじゃなかった」という負の連鎖は少なくなる。事実、移籍先の事務所は有名単体女優が何人も在籍していたので、AV出演以外の目的でやってくる子自体がいませんでした。皆が前向きに「売れっ子AV女優になりたい」と足を運んでくれるのは、強要がなくなるためにもいいことです。

バレ防止と反対に、どんどんタレント的なことに挑戦したい芸能志向の女優さんは「SNSも雑誌もテレビも露出OKです！」と意欲的で、この宣伝制限がない状態を「パブ全開」と言います。私もバレてからはパブ全開にしましたが、以前勤めていたスポーツ新聞社のみ〝逆NG〟を食らっています。自社にいた人間がAVデビューしたことに触れたくないらしく……、AV・風俗専門の特集面まで組む紙面でいながら、偏見を捨てられない器の小ささがうかがえちゃうな。

所属事務所はピンからキリまで

私の場合、AV女優を志してプロダクションに入ったわけではないので、「この事務所に所属しよう」と選ぶことができませんでした。しかし現実には選択肢は沢山ありますし、事務所ごとに特色だって違います。

アダルト業界も芸能界と同じくグロス（同じ事務所から何人もタレントを出演させる代わりに総出演料を値下げすること）やバーター（有名タレントと抱き合わせで無名新人を出演させる）という売り込み方があり、人気女優を複数抱えているプロダクションが覇権を握っているけれど、女優からしてみれば大きな事務所では埋もれやすいし、自分以外に売れっ子はいない小規模な事務所の方が特別大事にあつかってもらえるというメリットもあるため、大小どちらがいいかは状況次第。業界の相関図がわかるくらいのキャリアになってくるとタイミングを見て移籍を考える女優は多く、私も例に漏れずそうしました。

最初の事務所では私だけグアム旅行に連れて行ってもらったり、必ず車の送迎がついたりと優遇されましたが、有名プロダクションはメディアの仕事量が圧倒的に多いのを羨ましく思っていたんです。グロスの多人数系企画は、人気女優を集められる大手が独占。雑誌やテレビ関係者とつながっているのはそもそもメジャーな事務所ばかりゆえ、小さい所は「AV女優大集合！」的な番組でもなかなか声を掛けてもらえず、タレント個人がAVメーカーの推薦枠や制作サイドから名前を出されて指名を受けなくてはいけません。個で勝負して目立たなきゃ、という厳しい現実は女優の力を強くするけれど、「売れる」「当たる」は運も大切ですから、ときに悔しい思いだってしちゃう。

私の移籍理由はマネージャーへの不信感だったり、業務上ありえない失態をされて……などもありますが、元記者のライターとしてAV業界内を広い目で眺めるためにも、「別の事務所も比較材料として経験しておきたい」とは考えていたし、ならば「次はTHE・大手にしよう」と決めていました。そこで3〜4社に絞ったのち、「他事務所から移籍する女優を多く受け入れているか、そして彼女らは移籍後に活躍できているか」という条件も考慮し、最終的な決め手は「女優とマネージャーの距離感」。これぱっかりは好みなんだけど、個人的に、友だちや彼氏っぽく接してる雰囲気が非常に苦手で……。

そもそもAV業界の人たちって、口調にせよ接し方にせよ妙になれなれしい。女優は「若い女の子」としてひとまとめにされるから、すぐ「ちゃん」付けされるし、年齢を確認する前から基本タメ口ですもん。それが撮影現場のスタッフさんなら一緒にモノ作りをする上でフレンドリーな雰囲気の方がありがたいものの、マネージャーは自分にとって仕事を受ける際に間に入るだけの業務的な存在。文字通り裸一貫で働いている最中に直接指示を受けたり協力し合う立場じゃないから、もう少し距離を置いて接してほしいな、と。着替えるときも当然のように目の前に立たれたくないし、さっさと退室してくださいと願う。もちろん、女の子によっては気にならないでしょうし、マネージャーや事務所社長と交際する子だってなかにはいます。私としては、そもそもキナ臭い業界なんだし、AVプロダクションの人間はもっとビジネスマンっぽい方が信用得られていいと思いますけどね。

たとえば、先程挙げた「移籍を多く受け入れていて、その後、女優がより活躍できている」条件で私はC社、D社、E社に絞りましたが、「女優に接する態度」で前者2つが候補から外れました。C社はホスト出身者が多く、その分イケメンさん揃いなのですが、所属女優に対する話し方が彼氏みたいで気になったし、D社は見た目がヤカラ的で怖いのと、飲み会までオラオラ系らしく忘年会で男性マネージャーが全裸ストリップすると聞いて、「絶対ノリが合わない」と思いました。

ただしD社は業界最大手で、AVの大人数撮影でも制作プロデューサーが「じゃあD社の子からヘアメイク始めましょう」と言って、他事務所の女優が「プロダクションで優先されるんだ……」なんて驚いていたほど。実はAVメーカーの下請で制作・編集する売れっ子監督を抱える株式会社に加え、AV女優所属を売りにしたキャバクラと風俗店もグループ経営しており、そのビジネスマインドはすごい。たまたまファンやメーカーに好かれた女優に恵まれているだけの事務所ではなく、女優を生かせる仕組みを自分たちで作っているのには尊敬の念しかありません。私自身はキャバや風俗に抵抗があるけれど、仮にAVオファーが減ったり引退しても働き口に困らないため、そちらもやる気があるタイプならありがたいプロダクションでしょう。

一方のE社は、平日はスーツ着用。敬語や名字にさん付けで女優と会話していることが多く、その距離感が好印象で移籍先に決めました。また、プロダクションはどこも生え抜きにはベッタリだけど移籍組には自由にさせてくれる傾向があって、移籍してからは気楽に思える部分も増えてよかったです。デビュー当時は監視するかのようにべったり現場にいられて窮屈だったし、マネージャーのできの悪さに気づいてとがめるくらいのベテランになると、これまたご機嫌をうかがうような接し方が居心地悪かった。囲い込まれる感覚をうれしいと思うか、うっとうしいと思うかは紙一重なのです。

いくらギャラがもらえるのか

アダルト業界は「ギャラ折半なら良心的な事務所」といわれ、吉本興業以上にタレントへの配分がシビア。吉本さんは関西にも関東にも劇場と養成所があって現場で経験を積めるし、冠番組を持つ売れっ子芸人やひな壇の若手をいじれる大御所司会者が豊富で、ゲストへの影響力もあるから比べるのは失礼ですけど。

AV女優は信用も経験もあるベテランでない限り、フリーで動くという選択肢はありません。漫画を描くとか文章を書くとか撮影会とか、AV以外の仕事がメインなら困ることはないでしょうが、ことアダルトビデオの撮影に関してはプロダクションに所属している方が100％有利です。

スタッフ陣も含めて性産業の人たちは、急に黙って辞めたりお金をチョロまかすなんて日常茶飯事。個人間での取引はリスクが高すぎます。AVメーカーにせよプロダクションにせよ、会社として機能している以上は目先の数年以上を見据えたビジネスプランを持っているから、いつ人気が衰えるかも逃げ出すかもわからない女優と直接やり取りするより、対会社の方が将来的なつきあいができます。1人いなくなっても新しい子を呼んでこられるし、病欠や無断欠勤が起きた場合は代役準備も可能。だから女子は半分も出演料を取られてようが、事務所がなきゃＡＶをテンポよく撮り続けられないから仕方ない。

基本的に女優が受け取る数字は「半分プロダクションに抜かれた後」だと理解してください。そこから税金も引かれますし、想像より低いギャラだと感じることが多いかもしれない。しかしそれでも、一般企業でアピールできる学歴や職歴を持たない若い女性が得られる収入としては十分に魅力的です。

アダルト現役のころに『週刊プレイボーイ』さんで何度か取材していただきましたが、あるとき、「新聞記者を辞めてＡＶ女優になり、一番よかったことを教えてください」と聞かれ、欲しい答えを確かめようと「ええと、たとえば給与というか年棒アップですか？」と尋ねたら「いや、もっと夢のある話で」と。要は「今は自分が主役だし、大好きなエッチを好きなだけできる」的な答えを求められたのだけど、それは男性向けの雑誌だから。女性向けなら、大金を稼げるということがなにより夢のある話なのにね。

ＡＶの出演料はピンキリ

一般タレントの出演料と同じく、ＡＶも女優の評価やオファーする側の経済事情によって振り幅があります。企画メーカーはまず作品の予算によって女優を探すし、企画単体や単体は女優力ありきでオファーするもの。各社の資金力も違うため、当然ながら金額はピンキリになります。２０１８年12月に創業した〝配信特化型〟の新メーカーＦ社は、有名単体の移籍先としてギャラの高さが目立っているようです。

キリから考えると私が実際に見た２０１４年後期から２０１８年前期、プラス現役女優の知り合いもいる２０１９年度までの５年間の感覚でいえば、単体50万円～、企画単体10万円～、企画５万～あたり。最低ラインゆえ企画単体のピンが単体のキリを超えることもありますし、各下限よりさらに低い金額で契約されることすらあります。私がキカタンとして受け取った一本の最高額はおそらく60万円。確か内容がアナルとかハードめの解禁ものだったはずです。撮影スケジュールの項目で説明したように、セックスの回数や内容などでギャラも上下します。

Ｆ社を除けば、単体女優でも通常のＡＶ一本で１００万円以上を受け取るというのはめずらしい。ＶＲ作品との抱き合わせとか、事務所が３割程度の取り分で妥協する特別な内部事情でもないと、デフレ化する業界内で後に自分たちの首を絞めることになるため、女優にそこまでのギャラは渡しません。

知名度の高い芸能人がＡＶデビューとなるとかなりの金額が動き、坂口杏里さんが２０００万円といわれていますが、「誰それ知らん」とコメントを書かれる系だと気持ち程度の増加。２０１９年２月に芸能人ＡＶデビューした女優は、その後出演したテレビ東京の深夜番組で「素人のデビュー作は20～30万円だけど、元芸能人の箔がついて80万円でした」と語っています。このころ私自身は引退しており、「業界のギャラは今そんなに下がっているんだ」と思ったものです。元タレント売りも元記者売りもしてなかった私でさえ、単体女優でそれ以上もらえたのがつい４年前の話だというのに。

業界の金回りはたった１年でも大きく変化します。企画作品にも出演するギャル系女優が、

２０１７年８月24日付のツイッターで「ＡＶ女優はお金持ちでしょって思ってる人に言います。企画単体で２回セックスして朝から夜まで働いて12万円で手取りは10万８０００円。４〜６万円の現場もあります。早朝から夜中までとか平気であるし好きじゃないと続けられないと思う。」と呟いていたことも。違法の無料動画が蔓延してしまうネット社会の影響もあって、これからも相場はどんどん下がる一方でしょう。

私が引退作を撮ったのが２０１８年５月。それから１年以上たった２０１９年夏に、親しい専属女優がラストレズ作品を撮影する際に、「何人かタイプ違う女優さんとするんだけど、巨乳がいないんだよね。私は『かほパイがいい』って伝えたけど引退してるし……」と言ってくれたことがありました。すでに経験したＡＶのプレイ自体にまったく興味はわかないけれど、現在の出演料レートや条件を知りたいという好奇心がふくらみ、正式に話だけ聞いてみることにしました。主役でないとはいえ、引退後の女優をひっぱってくるのにメーカー側がどんなオファーをしてくれるのだろうと内心ワクワクしてたんですが、さて、いくらだったと思いますか？

相手役として４人が出演するため各女優はパッケージ撮影と１シーンのみ、つまり半日未満の拘束と考えれば悪い条件ではないものの、そのギャラは私が一括で買おうとしていたMacBookより安い15万円。マネージャーに「聞いてもらったのにすみません。一回だけのレア復帰してまで出たいと思える金額じゃありませんでした」とＮＯの返答をしたら、ねばって20万円以上まで金額を上げてくれましたが、20万円という企画単体の数字は５現場以上をこなして

100万円以上になるから魅力的なのであって、それだけだったら脱がなくても普通に稼げてしまう。辞めた立場の今はAV出演に利点がなければ魅力も感じず、じゃあお金がモチベーション……といってもその程度。たしかに好きじゃなきゃやろうと思えません。引退直後でヌード撮影もしていたころなら脱ぎへの精神的ハードルも低かったでしょうが、1年も経過したら心は離れ、服も身にまとっていくものです。

2020年3月のAbemaTV『給与明細』では、元トップ企画単体女優が現役時代のAV最高月収を明かしていて、その額は182万5千円。手帳の右上に手書きで「182・5」と記された文字を見ると「かなりリアルな数字だし、想像より全然少ないな」と驚きました。放送当時、彼女はネイリストとして働くかたわらラウンジでも働いていて、女優時代も新宿のリゾートホテルで受付をしていたりと常に一般職と両立していくスタイルだったのが影響しているのかもしれませんが。

この番組でAV女優が収入を明かしたことは何度もあったけれど、彼女たちは現役ゆえ必ず事務所チェックが入っているでしょうから、水増し感が否めなかったんです。しかしこのときは初めて「元女優」に焦点を当てた赤裸々な番組作り。なかでも彼女は私が現役だった2014年以降の女優さんで、過去に出演していた誰よりも売れていたと考えられるレベルだけに、説得力のある数字だと思います。

彼女と比べると、2018年7月に出演したキカタン女優は月の総支払額が201万5756円。人気キカタンなら月200万円以上はめずらしくないけれど、「10本前後の撮影本数」とボヤかしたところに事務所への忖度がくみとれます。単体から企画単体に転身した彼女のような場合は、メーカーの経済事情によってマネージャーが交渉するギャラも違います。2018年後期の時点ではすでに業界全体のギャラも低くなっていたことを考えると、細かい内訳は業界内でこそバレたくないはず。企画熟女女優さんが月収60万と出ましたが、こちらは「¥600,000」と記載されていて源泉税（10・21％）を引かれたはずの数字が綺麗すぎる……。プロダクションの税金処理どうなってんの？

まだ比較的AV業界が潤っていたとはいえ、同番組がテレビ東京放送だった2014年に出演した単体女優も1800万円と高額。こちらも同様に差引支給額が「¥1,800,000」とキリよく並んでいて、給与明細書もモザイクだらけなのに名前だけは女優名しか記載していないし（税務署に提出する書類作りのためにも本名との連名掲載は当然）、演出として作られた明細ではと疑ってしまいました。この回もまた別の企画単体&企画女優とのギャラと比較していたので、あえて格差を広げた印象があります。ちなみに他はひとりが「5月は6現場＋撮影会・取材で62万3250円、6月は4現場＋同で48万6900円」、もうひとりが「7現場67万3425円」という潔い公開ぶり。

金額は違えど現役女優にスポットを当てた両放送回に通じることは、必ず単体がトップとして一番稼げているという演出です。AV女優の仕事に現実と理想を交えつつ、あこがれを抱かせるのは専属女優。華やかな立場をより強調する方がAV業界にとってもありがたいでしょう。

ちなみに、エスワンデビュー後にプレステージ専属として活躍した単体女優が引退後、ユーチューブ動画にゲスト出演した際に「1本の最高額は300万円」と発言したのですが、そのスクショをマックス・エーの長期専属だったこれまた元女優が「1本300てすごいな」とツイートしていました。動画の流れからして事務所の取り分を引く前の金額で、それも本人の出演作だったかどうかも言及されていませんが、その数字に他メーカーの元単体女優が驚いているのが興味深いところです。

事務所次第で給料は変わる

女優の給与は、相場があっても結局はメーカーと事務所次第な部分が大きい。両者が「この子にはこれだけ払える」と考えて決定するもので、まずはメーカーが総額を事務所に提示し、そこから事務所が50％以上をひっぱっていきます。2019年以降のAV業界は人権団体からにらまれないよう、メーカーから支払われる総額がきちんと契約書に載ることもあり、プロダクションが法外な割合を取るケースは減っているようですが、女優にバレなければ自由に調整できるため、事務所側が多く取るのが当然です。とはいえ、存在価値の高さからキャリアの長い単体女優には、メーカーから支払われる総額が減っても事務所が同じギャラを支払い続けていることが多いもの。プロダクションは営業面で「うち、この子が所属してるんですよ」と言える看板女優が欲しいし、それも単体の方がブランド力を増します。

ただしキャリアの浅い単体はほかの女優と共演する機会も少なく、まわりがいくらもらっているかという情報を得られない。だから新人のころは本人の生活環境などを見て金額を提示されている場合もあるんです。特にデビューしたてで無知な状態、それもハタチそこらでアルバイト経験しかなければ1本50万円は充分大金に感じるでしょう。他にも付随して発売イベントやら宣伝活動をいろいろやらなきゃいけないけども、そんなこと知らなければたった1日の撮影で得られる「日給50万円」なのだと考えてしまう。

実際、私が最初に所属していた事務所ではムーディーズ専属が年間12本契約と高評価にもかかわらず1本70万円、アリスJAPAN専属に至っては30万円＋30万円＋40万円の3本100万円で決まっていました。両者とも20代前半で、ひとりは現役女子大生設定も本来は高卒フリーター、もうひとりは専門学校卒で正社員経験はなく過去の月収は15万円にも届かない。週5日も働かずにこの額なら悪くありません。ただし約10％の源泉が引かれるため、手取りはグッと少なくなりますが、それは受け取る当日にわかること。皆、こういうアングラな仕事は税金など引かれず額面そのままもらえると信じていて「思ってたより少ない……」というのが新人の共通した感想です。

ちなみに私のトップ月収は、企画単体に転身し「あれ、今月って新卒のころの年収より多くない？」と気づいたときが最高だったかもしれません。ちなみに大学を卒業して入った新聞社での初任給は「29万1337円」、その年の給与収入が「422万2644円」。もちろんAV女優はサラリーマンじゃないから毎月同じ額が入るわけではありませんが、企画単体になった年は源泉徴収税額だけで新聞社当時の年度所得を上回りました。年間出演料も3000万円を超え、事務所も月数万円を支払うバイト系女優には「確定申告ちゃんとしなさい」などと口すっぱく言わないのですが、さすがにそれだけの支払額になると「澁谷ちゃん、もう年末だから申告の準備しないと。領収書の仕分けは終わった？」と気にかけてくれるように。いろいろと指導してくれた経理スタッフさんには、大変お世話になりました。

ただそのプロダクション、請求書を書いてその場で現金を受け取るスタイルだったため、ページがめくれてほかの子の受取額がすぐ見えちゃうんですよ。当然、私のも見られたはず。サインは本名だけれど会話の流れで気軽に教え合う子もいるし、マネージャーが「あの子の本名○○だからさ、こないだ同じ苗字の女優がいて名前呼ばれて反応しちゃって」などと悪気なくバラして簡単にわかってしまう。多くても少なくてもお互い気まずいから、本当に嫌だったなぁ。なぜ手渡しだったかといえば、事務所が信用金庫の口座しかもっていなくて、各銀行への振り込み代を節約するためが大きかったようです。直接受け渡しする手間から給与日は月に2回、それでも各200万以上あった時期は札束を数えるのが大変でした。

とはいえ世間のイメージは「身体張って、それも一生残るAVに出てこの額か」というのが多数だと思います。たしかにすべてイヤイヤやっているならそうでしょうが、仮に撮影が嫌いでもアイドルやタレント気分を味わえたりファンがいて自己顕示欲が満たされる部分や、AV女優という肩書がついたおかげでできる仕事も増えます。エッチな接触自体だって、クローズドな性産業である風俗と比べたら衛生面で不安が少ない。同じく性的に搾取される業種のなかでは恵まれている環境ゆえ、ソープ嬢で体力が持たなかった女性が転職先としてデビューすることも多いんです。あくまで性風俗産業という狭い世界で見たら、AVは「楽にそこそこ稼げる」案件であり続けている。

ただし知識ゼロで飛びつくと「一度限り出演料5万で出たものがノーモザイクのまま流出されていた」なんて騙された話もあるので要注意です！　女優のギャラはデビュー時が一番高く、その後は下がっていくのが一般的なため、やるのであれば最初は「大金だ」と思える額で受諾すべき。企画女優スタートの場合は後にギャラが上がる可能性はあっても、やはり1本の最高額は単体デビュー。単体女優がデビュー時より上回る出演料を得るのは、いわゆる「裏ビデオ」でもなきゃ不可能です。

裏（モザイクなし）、いわば流出ではなく合意の下で撮影が行われた無修正作品については出演したことがないので実体験を語れませんが、そもそも法的にクロで女優が逮捕されたケースも多い。犯罪者になるリスクゆえギャラが高いのかと思えば、金額の高さはあくまで

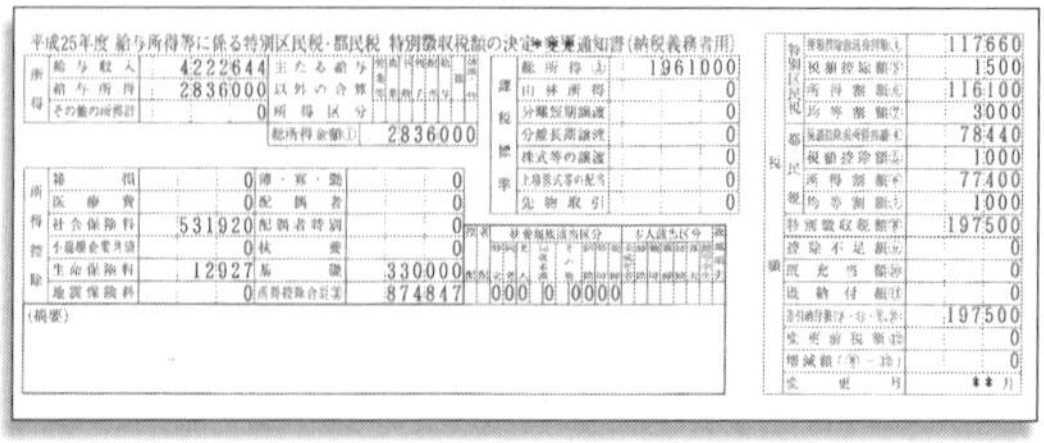

平成25年度 給与所得等に係る特別区民税・都民税 特別徴収税額の決定・変更通知書（納税義務者用）

給与収入	4222644
給与所得	2836000
その他の所得計	0
総所得金額	2836000
雑損	0
医療費	0
社会保険料	531920
小規模企業共済	0
生命保険料	12927
地震保険料	0
障・寡・勤	0
配偶者	0
配偶者特別	0
扶養	0
基礎	330000
所得控除合計額	874847
総所得	1961000
山林所得	0
分離短期譲渡	0
分離長期譲渡	0
株式等の譲渡	0
上場株式等の配当	0
先物取引	0
特別区民税	117660
税額控除額	1500
所得割額	116100
均等割額	3000
都民税	78440
税額控除額	1000
所得割額	77400
均等割額	1000
特別徴収税額	197500
控除不足額	0
既充当額	0
還付額	0
差引納付額	197500
変更前税額	0
増減額	0
変更月	＊＊月

（摘要）

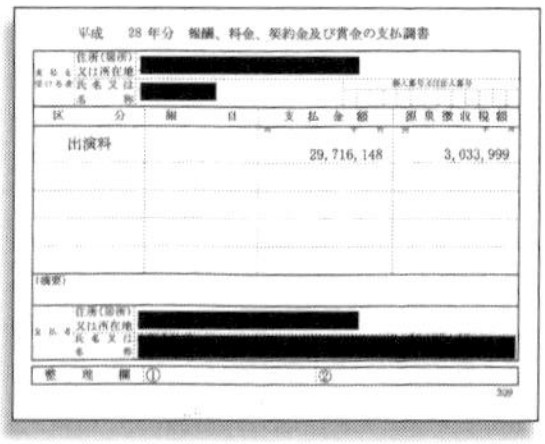

平成　28 年分　報酬、料金、契約金及び賞金の支払調書

支払を受ける者　住所（居所）又は所在地 [redacted]　氏名又は名称 [redacted]

区分	細目	支払金額	源泉徴収税額
出演料		29,716,148	3,033,999

（摘要）

支払者　住所（居所）又は所在地 [redacted]　氏名又は名称 [redacted]

整理欄 ①　②

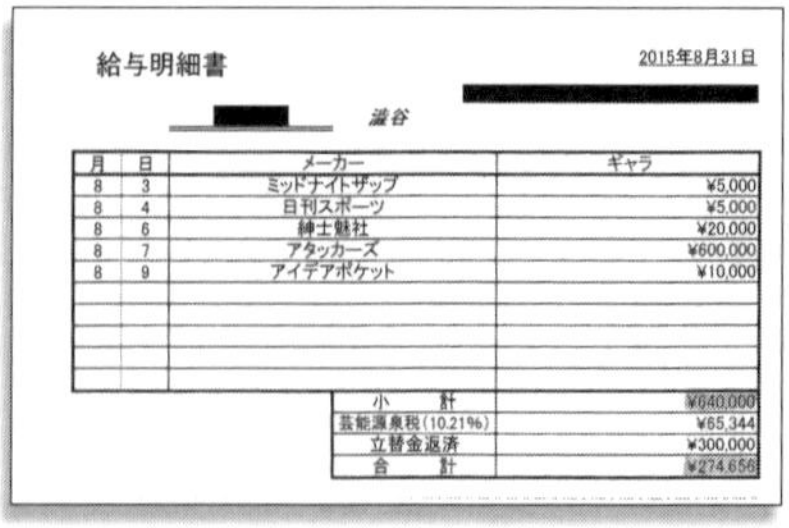

給与明細書

2015年8月31日

[redacted]

[redacted]　渋谷

月	日	メーカー	ギャラ
8	3	ミッドナイトザップ	¥5,000
8	4	日刊スポーツ	¥5,000
8	6	紳士魅社	¥20,000
8	7	アタッカーズ	¥600,000
8	9	アイデアポケット	¥10,000

小　計	¥640,000
芸能源泉税（10.21%）	¥65,344
立替金返済	¥300,000
合　計	¥274,656

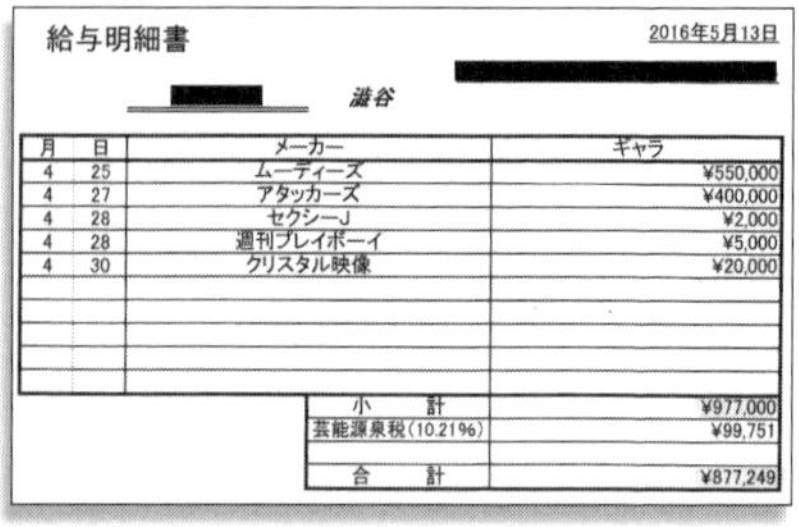

給与明細書

2016年5月13日

[redacted]

[redacted]　渋谷

月	日	メーカー	ギャラ
4	25	ムーディーズ	¥550,000
4	27	アタッカーズ	¥400,000
4	28	セクシーJ	¥2,000
4	28	週刊プレイボーイ	¥5,000
4	30	クリスタル映像	¥20,000

小　計	¥977,000
芸能源泉税（10.21%）	¥99,751
合　計	¥877,249

上段左が会社員1年目、右が現役時代の年収。桁がひとつ違う……。給与明細はキリがいいように100万円ごとに作られてました。ちなみに60万円はアナル解禁作です！

〝隠していた性器を見せる希少性〟に対する代価。2つのメーカーのダブル専属として2008年にデビューした有名女優がその3年後に出演した無修正ビデオのギャラを312万円と明かしていたことを考えると、〝本人の通常AVで受け取っているギャラの7、8倍〟が相場という印象です。ただし、その女優の人気や引退しているか現役かなどの状況によって交渉されるため、具体的な予想数字を出すのが最も難しいのが裏作品でもあります。まず違法ですから、社名やらお金のやり取りも隠しに隠されていておかしくない。

犯罪行為に関しては「日本で配信しないから大丈夫」「ちゃんと足がつかないよう処分するんで」など「平気平気」とごまかされるよう。そしてある日突然、家のインターホンが鳴ったら「警察です」と訪問された友人の女優もいます。留置施設で同室の老女に石鹸を借りて身体を洗い、「あんたみたいなのは前も来たよ。2日で出れるからがんばって」とはげまされたそうです。

メディア案件のギャラは格安

地上波ではなくスカパー！やAbemaTVであっても、局側は「名前出してPRしてあげている」という意識があり、出演者側も「出られてラッキー」という感覚ゆえギャラはアホみたいに安い。女優のSNSに宣伝を頼るレベルの不人気番組も、そちらはそちらで制作で予算を使い切ってしまいますし。我々は5000円もらえたら多いほどで、多人数での出演は事務所でグロス契約していることも多く、更に半分なんてことも。グラドルとの水泳大会番組は時給で計算したら200円くらいだったかな……。アダルトでないコンテンツで出演できるというのは知名度アップにつながるけれど、金銭面だけで見れば完全に〝やりがい摂取〟。金額を期待したら負けです。

そりゃテレビはお金を払ってでも出たいものだろうし、足元を見られてもしかたないでしょう。人気や知名度が上がる以外にも「アダルトビデオ内でセックスするしか自分には能がない」と自虐的な女優へ自信を与えることもできます。もちろん、タレントとしての才能を開花する可能性もあれば、その逆で「私にはあまり向いてないから向いていることをがんばる」とギャラが高いAV撮影に集中してくれるパターンだってある。メディア関係者と名刺交換もできるし、事務所からすれば将来的に損はありません。

だからこそ、プロダクション側は少ないメディア出演料まで50％も引くべきではないと思うんです。AVであればギャラが多いから配分を多めに着服しようがバレないけど、1万円程度の報酬まできっちり折半すれば不満を抱かせてしまう。こんな時くらい丸々渡してあげりゃいいのに、しかし下っ端マネージャーではそんな権限がありません。結局、女優が頼りにするプロダクションの人間は融通が利く古株だけになって、若手はすぐ辞めてしまい育っていかない。社長レベルになると、ノーギャラのメディア出演はポケットマネーをこっそり回していることもあるようです。素晴らしい！

女優に与えられる権限① 男優指名システム

昔のアダルト現場は、女優が窓から逃げようとしたり、トイレに入ったきり出てこなかったり……。「メンヘラ」という言葉が使われていなかっただけで、精神的な浮き沈みが大きいといわれるセックスワーカー女子のあつかいに、今以上に困っていました。そこで、女の子にいい気分で仕事をしてもらうために女優へのお姫様あつかいが基本になったのでしょう。女優だけが持てる特権がいくつかあります。

どのメーカーの面接用紙にも「好きな食べ物」「嫌いな食べ物」の項目が載っているのですが、別にプロフィールを細かく知りたいわけじゃなく、どんなお弁当やお菓子を用意しておくと喜ぶかを調べています。撮影が決まっていれば「現場で欲しい飲み物」や、喫煙者なら「タバコの銘柄」も尋ねられる。こちらからも「喉が弱いので加湿器を置いてほしい」、「花粉症なのでローションティッシュがあればありがたい」、などなどお願いすることもできます。

このようなケアだけでも至れり尽くせりですが、食事や備品だけでなく女優のみに許されたリクエストが他にも存在するのです。それは……。

《男優指名システム》！

通称〝監督面接〟略してカンメンと呼ばれる撮影前の打ち合わせでは、「お気に入り男優を挙げてくれ」と言われることが多い。どうせなら女優のテンションを上げる共演者の方が現場の雰囲気もよくなるし、エッチ自体も盛り上がってユーザーの興奮するＡＶが完成するからです。どんな男優が人気かというと、手マンやクンニの技術はもちろん、女優がリラックスできる雰囲気作り、優しさや細かい気づかい、ルックスのよさや清潔感などの好感度アップ要素が総合的に高い人です。

テレビ出演や著書のある有名な男優なら、女の子がデビュー前からファンだった、なんてことも。たとえ仕事であっても疑似恋愛行為をするのだから、好き嫌いが生まれて当然といえます。

女優によっては〝よく呼ぶ男優〟がいて、ある男優は必ず指名してくれる女優のときだけギャラを上げてもらっていたと聞きました。また、共演女優が気に入ってくれればいろいろな現場からオファーを受ける可能性が高いので、男優さんは女優に優しい。AV男優は基本的に事務所へ所属していないため、メーカーや制作会社のスタッフまたは監督から直接連絡が届きます。ゆえに同じメーカーは同じ男優ばかり使いがちになり、そこへ女優が新たな名前を出すことで「誰か連絡先を知ってる?」と探してもらえるようになる。

逆に製作スタッフが男優に「ほかの現場でよかった女優さんいない?」と聞き込みすることもあります。作品のなかで目立たない男優は同じメンツでも構わないけれど、主役の女優はいろいろとバリエーションがなきゃいけないということ。そこである男優さんが私の名前を出してくれたらしいのですが、「監督が『澁谷果歩はギャラが今日来てる女優の2倍だから無理だよ〜』って返されたよ」と苦笑しながら教えてもらったこともありました。本人からすれば「さすがだね!」というほめ言葉を含めて称賛してくださったのでしょうし、私もそう受け止めたからうれしくってマネージャーにそのまま伝えちゃって……。

すると事務所が「女優にギャラの話してほしくないんだけど！　その男優うちでNGにしてやりたいわ!!」とガチおこ。少なくとも私が引退する2018年秋まで、AV出演料における女優の取り分は本人たちに明かされないし、半分以上をマネジメント料として抜くのが当然だったため、プロダクションはギャラ総額のヒントとなる発言に敏感でした。

対して男優のギャラは相場が決まっている上にプロダクションの介入がないから、女優よりも出演決定までのプロセスがはるかに簡単。女優が男優をリクエストする方が実現しやすいんです。そのため番組など絡み以外で仕事が一緒になったときに「AV現場でもお相手させてください」とアピールされたり、撮影で会った男優さんに「今度ナマのときにも共演したい」「アナルでも呼んでもらいたいなぁ」とほかのジャンルのAVで指名してほしいと直接頼まれたりすることはよくあります。

更に、手コキやパイズリのシーンなどで呼ばれる、いわゆる〝発射要員〟の男優さんが「セックスで呼んでもらいたい」と嘆願することも。パイズリ撮りに定評のある監督の現場で2回連続お会いした方がスーツで来る副業男優さんだったのだけど、射精がよく飛び「ヌキ映え」するタイプ。なによりそのチンポは傘の大きいキノコのようにカリデカでした。乳房で挟むパイズリプレイは亀頭しか見えなくなるため、モザイクがかかっても目立つサイズは映像を引き立たせます。思わず「すごいカリおっきいですね〜」と素直な感想を伝えたら「いやぁ……」とはにかみつつ喜んでいました。すると後日、その人からファンレターが——。

事務所で受け取った手紙には「どうも、カリデカの××です！」から始まって私に対する好意的なことが綴られた後、「実はお願いがあります。今度は絡みで指名してください」と書いてありました。それまでも共演した素人男優さんにお手紙をもらったり、イベントに会いに来てもらえたりすることはあったのですが、セックスシーンに使ってくれという直接的な嘆願は初めて。

残念ながら私はこれを読んで、彼を指名しようとは思えませんでした。だって汁男優から自力で這い上がってもらいたいし……、なにより私カリデカが大の苦手で。挿入時に膣入口で痛みを感じることが多くて怖いんです。カリデカさん、勘違いさせてごめんなさい。

ちなみに個人的に好きなチンコの種類は、素直そうに真っ直ぐの仮性包茎。皮を剝く感覚がプレゼントのラッピングを開いてるようで、さわってると胸が躍りだしちゃうし、余ってる皮をひっぱって伸ばしたり指や舌を突っ込んだりして亀頭を弄るのも楽しいでしょう♪　大きさは、標準より上の方がメリメリとその人の形にされている感覚があって興奮します。好みのチンポに出会うと覚えるもので、棒状の餅のようにもっちりした仮性包茎巨根の男優さんに「トッポギさん」とあだ名を付けたこともありました。

しかし男性器だけじゃなく人物そのものに関しては、ひとつの作品で「この人、最高！」と思っても、違う役柄や設定の作品で会うと全然興奮しなかったり、その逆もあるため、これといって指名したい相手がいなくて……。また、いろんなプロ男優をサンプリングしたい好奇心が勝ち、「会ったことない人に会ってみたい」とお任せすることがほとんど。それでも時折「燃えるセックスシーンを撮るために、澁谷さんと相性がいい人を選びたいんです！　誰か思いつきませんか」と食い下がる熱い監督やプロデューサーが現れます。

そんな作り手の熱意に応えるときは、やらしい話、メーカーの予算を考えた上で彼らが呼びやすい名前を考えて選ぶようにしていました。たとえばギャラの高低差で数万円も変わるため、高い男優さんだけの名前を言って困らせないよう、必ず安めの男優さんも候補に挙げる。

また監督やプロデューサーにだって好んで使い続ける男優陣が必ずいるから、その人がいいと言えば共感して喜んでもらえるし、撮影も顔見知りチームで現場がスムーズになるはずだと、事前に〝レギュラー男優〟の目星をつけておきます。

メーカーの過去作や監督のSNSを見れば予想を立てるのは簡単だし、わからなければ「うーん、誰だろう？　むしろ、よく呼ぶ男優さんっています？」と探って、登場した男優名に「その人なら安心です」だの「是非お会いしたいです」だの乗っかればいい。姑息だけど、名指しされた男優さんはほめられて悪い気がしないし、監督も知らない相手じゃないから使いやすいから絶対的win-winでしょ！

女優が「どうしても○○さんと絡みたい」と強く言えば、制作チームと接点のない、むしろ諸事情によりメーカーからNGを食らっていた男優でも共演が実現するけれど、自分自身こだわらない部分でワガママ言って苦労させたくないので……。

ただ、生中出し作で「せっかく今回ゴムなしなんだから、ゴムずれしがちな巨根男優さんで全員揃えてください」とリクエストしたことはあります。タイトルからしてハードな絵面が求められる作品なら、デカチンの方が「かほパイ頑張ってるな」と見た人に思ってもらえる気がするので、ここぞとばかりに大きいおチンチンを選びたいところ。これはもう個人的な好みというより、映像重視だけど。

引退作では「むしろ私と最後にしたいって男優さんがいたら、お願いします」なんて逆オファーでした。正直、私は台本を読んだり現場に入ってから「この男優さんがお相手かぁ」と気づくサプライズが楽しみだったから、指名自体があまり好きじゃありません。実際にスケジュールが合わず目当ての共演者じゃなかったときにガッカリしちゃうのも嫌じゃないですか？

ただし、自分が「うふふ、今度の作品で絡むのは誰かしら♪」とワクワクしていられたのは、苦手な男優がいなかったおかげ。AV男優といってもセックス上手でモテそうな面子ばかりではないし、彼らは相手の女優から気に入られるどころか「絶対に共演したくない」と拒否される場合だってあります。

女優に与えられる権限② NG男優リクエスト

女優が男優を指名できるということは、逆に「NGを出す」権利も存在するということ。チンコの形が合わない、体臭がひどい、態度がうっとうしい、実はデビュー前の彼氏……など理由はさまざまですが、女優に嫌われてしまえば「共演NG」として彼女たちの宣材データに残されてしまう。

私は自ら特定の男優さんを「○○さんのことNGにしてください！」と訴えたことはないの

ですが、マネージャーに「今日の現場どうだった？」と聞かれて「けっこう口臭きつかったですね～」みたいなネガティブな感想を伝えた結果、「嫌な思いをさせるのはよくない」とNG欄に書き加えられていたことがあります。それも「口臭がキツイため」とご丁寧に理由まで記載されて。

これには「ほら、マネージャーとして貴女を守っているでしょう」というアピールを感じて、当初「そこまでしなくて構いません」なんて言えず、話しやすい担当者に替わってから「今までのNG男優さんの欄、全部消しちゃってください」とコッソリお願いしました。

当時のマネージャーは「大丈夫、本人にはバレないからさ」と言ってたけど、うわさ好きが多いうえに狭い業界なので、実際あっという間に伝わります！　少しでも「相手に悪いんじゃ」とか、気まずく感じがちな性格なら、誰もNG指定しない方が精神的に楽ですよ。

そもそも事務所に所属していれば、プロダクションごとに特定の男優を拒否している場合があります。そうなると、たとえ女優本人が嫌な相手じゃなくても、その男優と共演することはできない。ある大手では、看板女優にツイッターでDM（ダイレクトメッセージ）を送って仕事の話を持ちかけたからと、海外でも知名度の高いベテラン男優がNGを受けています。

また、私が最初に所属していたマネジメント会社では「カメラを回していないところで女優にフェラさせた」と助監督をNGにしていたようです。監督がハメ撮りすることがあれば、助監督含めほかのスタッフが男優役になることだってめずらしくありません。そういえば私もナンパJAPANという素人売りメーカーでのハメ撮りで、相手がADさんだったことがありました。バーで酔った女子を個室トイレで介抱するふりしてヤッちゃう……という流れで二人っきりの撮影でしたが、カメラのバッテリー交換中、頼まれてもいないのにフニャらせないよう、おチンチンをずっと舐めてあげました。

こんなふうに女優側が自主的にやるならともかく、男性の方から「勃起させるために協力してくれないか」とお願いしてしまうと「カメラを止めた状況なのに、プレイさせるなんて！」と不満に思う子も多い。現に人気男優ほど女優に無駄な仕事をさせまいと、フニャチン状態になっても自己責任で自らシゴいて奮い立たせているものです。

タトゥー持ちの男優さんは、女優自身が苦手な場合もあるけれど、制作側がNGを出すことの方が多い。女優より目立ってはいけない男優の存在が主張してしまうし、いわゆる〝陰キャ〟や〝非モテ〟系のAVユーザーが怖がってしまうという理由からです。痴女系の作品が増えて、男優にMっぽさや童貞臭さが求められるようになったのも要因でしょう。タトゥーの入っている男優さんのなかにはラッシュガードなど肌着を着用したり、アスリートがテーピングに使う肌色テープを貼って出演する方が沢山いらっしゃいます。

ここまでAV女優の仕事について、ざっと解説してきましたが、AV男優さんたちについても、もう少し詳しく触れておきますね。

男優のランクとギャラ

女優は「セックスは別に好きじゃないけど、経済的な理由で……」「好きでもない人としたくない。でも芸能の仕事をしたい」など、性行為はあくまで業務上必要だからと割り切っている子が多いけれど、男優は「気持ちいいことしてお金も貰えるなんて、体力が続く限り辞められない」「ただ毎日オナニーで精子を消費するんじゃなく、それに値段をつけて稼ぎたかった」などと、仕事でセックスするのに前向きな人材ばかり。

そのせいか男優の１本当たりの出演料は女優より圧倒的に少ないし、ＡＶ出演強要問題の影響を受けて業界のルールが整備される２０１８年までは「男優はどの現場にも必ず性病検査表を提出しなくてはいけないけれど、女優はコンドームなし撮影以外その必要はない」「女優の検査表が必要な場合は検査代を支払うが、男優は自費」など、健康に関するあつかいすら差別的でした。

男優のほとんどは、女優のように勧誘ではなくAVメーカーに電話したりして自ら進んでデビューしているし、女優と違って事務所に在籍しておらず守られた立場ではない。加えてＡＶは女優目当てで購入されるものがほとんどで、男性ユーザーからは「あの男優はイク前の声がうるさくて、うっとうしい」「男が目立ちすぎるとヌケない」などという文句も多く、男優が黒子的な立ち回りをする主観映像が受けています。

完全に〝縁の下の力持ち〟な役割であって、女優とは同じ演者ながら真逆のポジション。一方で、目立たない存在ゆえ女優よりもはるかに息が長い。10年以上キャリアを続けるＡＶ女優はレアですが、男優にはゴロゴロいて、しかもそれで中堅クラスだったり、お笑い芸人のような〝売れるまで若手〟感が漂っています。

女優が男優をリクエストできることの項目で少し触れましたが、女優と同じく男優も人によって、また現場によってギャラが違います。AV女優が1万人以上いるのに対して男優は100人もいないと言いますが、そんな絶滅危惧種の彼らは1日に複数現場こなすのが当たり前。それぞれの作品に1コーナーだけ出演するなど、拘束時間も1時間からと短い。各チンポの一日の平均射精は2回で、役割は大きく分けて「かけるだけ」「してもらう」「挿れて動く」の順で必要性と出演料が上がっていきます。

①汁男優

大量射精が必要なぶっかけ撮影などに呼ばれるエキストラちんこ。アルバイト感覚でしている人が多く、彼らを含めれば男優の総人数は100より増えるけれど、汁業がメイン収入になっている人がいないためプロ男優として数えられません。ギャラは3000円程度から発射すればするほど増えていくシステムで、精算前に何回射精できたかADさんの確認作業が入ります。昔は1回イクごとに輪ゴムを男優の手に着けて、最後にその数でチェックする現場もあったとか。

自分の手でシゴいて発射するためコントロールしやすい分、「顔にかけて、でも目に入らないよう気をつけて」「イクときは手を挙げて前に出て」「勃ってないやつは邪魔だから後ろに回って」など射精に向けてのポジショニングや精子落下位置が細かく指示されるのが特徴です。

彼らの連絡先を持っていて招集したり、注意点を教えて教育したりと汁男優を束ねるリーダーは「汁親」と呼ばれ、汁親は男優としてのキャリアやランクが上。たとえば汁親の名前が吉田さんなら、台本には複数の汁男優をまとめて「吉田隊」と記載されています（ちょっと格好いい）。

②フェラ男優

汁男優が女優に触れられないのに対して、フェラやパイズリなど女優のプレイを受けられる脇役ちんこ。多人数でなく女優との1対1で映るためギャラは1万円近くアップするものの、「女優にさわってもらえる」という男の夢から募集系の採用が多く、交通費負担を考えれば実質無償で参加している人も。

私が爆乳メーカーのシネマユニット・ガスでオールパイズリ作品を撮ったときは、名古屋から新幹線で来た完全赤字の男優さんが「この日のために1週間ずっと我慢してきたんです♪」と最高の笑顔と射精を見せてくれました。Kカップ以上の女優が主流のメーカーなので、その道のフェチならお金を払ってでも受けたいプレイみたい。

フェラシーン出演まではバイトとして本業の片手間にやるもの。一方、本職・AV男優を目指す道は、最初は緊張して自コキでしか発射できなかった汁男優が、フェラ男優を経てだんだん「絡み（セックス）もいけるかも」となっていくものです。

③絡み男優

挿入ができるだけでなく、女優をリードできる助演かつ縁の下の力持ちちんこ。ここに到達するまでの期間は人によって違い、女性慣れしていてコミュ力があるとか、身体が締まっていて見映えする、発射力に定評があるなど、汁男優の時点で監督やプロデューサーに見初められれば早くなります。作品によっては汁・フェラ男優が絡みをすることもあるけれど、大抵は童貞役や素人設定で女優にすべて任せるようなセックスで、それじゃあ絡み男優とは認められない。なぜなら、絡みを生業とする男優はセックスの主導権を握れる人材だからです。

有名メーカーの単体女優デビュー作で出てくるような男優は、完璧なリードができます。女優の顔や身体を綺麗に見せるためカメラの位置や体位の角度を気にしつつ勃起を保ち、1時間近くのプレイを汗だくで続けた後に発射する。新人女優をリラックスさせる気づかいも忘れない。替えが効かず責任が大きい役割な分、お弁当やタオルが用意されていてスタッフからも敬意を持って接されるなど、立場も扱いもエキストラや脇役のちんこたちとはまったく違います。

自他ともに認める「AV男優」の称号を得られるのは絡み男優から。汁・フェラ男優はそれだけでは食べていけないですし、会社員がコッソリ趣味でやっていることもあるため「副業男優」と見なされます。しかし、資金があるメーカーの作品には、小さいメーカーで絡みをしている男優がフェラ・パイズリのシーンでしか登場しないことも多く、毎回絡みを求められるかどうかがトップ男優とその他の差でしょう。

普通の男優は出演料の相場が1現場3万円、トップ男優なら5万円にものぼり、ギャラを受け取る領収書に印紙が貼られると「ここまで来た」と感慨深いと聞きます。私は2015年2月のアリスJAPAN撮影でインテリ系の人気男優さんと初共演したのですが、その際に「自分は5万で、ベテランの○○さんは更に上の6万だよ」と教えてもらいました。2018年には仲のいい女優から、一般にも名の知れた人気男優さんに関して「××さん今1現場7万だって言ってた！」と聞いてみんなで驚いたっけ。男優のギャラは事務所を介して支払われる女優と違って、現場で請求書を書き、その場で持って帰るという〝取っ払いシステム〟なのでギャラもおっぴろげなのです。

ギャラが高い男優さんは大手メーカー作品でしか見ないようになりますが、特定の事務所から女優との共演NGを食らって一定期間干されたりすれば状況は変わる。暴力や淫行事件を起こして逮捕されたら、復帰はできてもコンプライアンスを気にする有名メーカーが使いたがらなかったり。汁男優なら射精のタイミングや量、絡み男優ならプレイの見せ方などで頼られる職人的な役割だし、全体の人数も少ないから息は長いけれど、決して安定職ではありません。精神的かつ肉体的に刺激的ゆえ男のロマンは股間にパンパンに詰まっているものの、男優業一本で懐も満たされるのは限られたチンポのみなのです。

人気男優は出張ホストでも稼ぐ

私がデビューしたころにはすでに男優業を引退されていたレジェンドの加藤鷹さんは、共演した番組で最高額を1現場7万円と明かしていました。タレントとしても活躍し始めたのが影響したのでしょう。

男優にとって制作現場に足を運ぶ以外でＡＶ出演料より稼げるのが、非店舗型デートサービスの出張ホストです。２０１３年6月に潮吹きサウスポーで知られるトップ男優さんが「ＡＶ男優に会える女性専用性感デリバリーホスト」の『BLACK SWAN』を立ち上げてからブームになり、一気にこの働き方が増えました。同年に大ベテラン男優さんも『IN BLISS』を開業していて、他にも現役男優がオーナーのデリホスは5店以上あります。

甘いマスクで女性人気が高い男優が多数在籍、またウェブサイトにキャストとして登録されていない男優も業界ネットワークで指名可能。食事や移動などのデート代やホテル料金は客持ち、かつ時間も１２０分からなど細かく設定されているため、スケジュール通りに撮影が進まなかったり、弁当やタオルが支給されないことすらある撮影現場と比べて、男優からしても割がいい。人気のキャストに至っては１８０分16万円の価格設定で「出張ホストの方が儲かるし環境も恵まれている」と、ＡＶ出演よりそちらのスケジュールが埋まっていくとか。

ただ、出張ホストというクローズドな関係性ゆえ客との恋愛トラブルが発生しやすく、ガチ恋勢の女性ファンが「ブロックされた」とＳＮＳで騒ぐアンチになったりと面倒事も避けがたいようです。待ち合わせ以外で連絡を取らないようルールを取り決めていても、やはり気持ちを抑え切れずメッセージを送ってプライベートで会おうとしちゃうなど、男女の立場が変わっても色恋営業の問題点は変わりません。

普段は男性向けのＡＶで補助する立場から、メインとして異性相手の商売をするとなれば慣れるまで大変そう。しかし確実に女性受けするイケメン男優の存在は増えていて、もはや「AV男優」という名称すら使われなかったりします。

「エロメン」とは何か

女優がメイン、男優はサポート役というのが通常のアダルトビデオです。しかし昨今は「女性向けAV」というものが登場し、2009年に女性誌『an・an』のセックス特集号DVDに鈴木一徹さんが出演しブレーク。今では女性向けAVも、すっかり市民権を獲得しました。AVといえども女性向けなので、主役は綺麗でカッコいい男性で、カメラが映すのも彼らが主。女優はあくまでサポートする立場と、通常のAVとは真逆です。

前述の『an・an』の特別付録DVD制作をきっかけに女性向けAVのリリースを始めたSILK LABOの作品に出演する男優さんたちは、従来の「AV男優」ではなく「エロメン」と称されます。その呼称がいつのまにか一般化され、最近ではイケメンで女性受けするAV男優は「エロメン」と呼ばれるようになりました。普通のAVであれば「男優の顔を映すな。目立つとユーザーが嫌がる」となるけど、エロメンはむしろスポットライトを浴びる存在。〝セックスが見られる男性アイドル〟と言えるくらい、顔と身体のレベルが高い人たちが集まっています。

更にルックスだけでなく、女心を掴む所作もバッチリです。エロメンの先駆者である一徹さんは超有名にもかかわらず腰が低くて向こうからあいさつに来てくださるし、女優のことも予習していて「海外のイベントでも大人気ですよね！」なんて話を振ってくれたりと好感度は上がりっぱなし。

ＡＶ現場は監督やプロデューサーに限らずタメ口の男性スタッフだらけなので、エロメンの人が丁寧な口調で接してくれたり、現場で「ボク今、〝男の潮吹き〟できるように特訓中なんです」などとプレイに一生懸命な姿勢を見ると「女の子からキャーキャー言われるイケメンなのに、調子乗ってなくて偉いな〜」なんてギャップにやられて尊敬しちゃう。女子向けＡＶは現場スタッフも女性ばかりだし、ファン参加のイベントも行うので、スターであるエロメンは女の人のあつかい方が完璧です。

人気を博す見た目は、線の細いユニセックスな美しさ。男優という仕事柄、見た目は草食系でも中身は性に貪欲な「ロールキャベツ男子」として女子ウケするのでしょう。ある売れっ子は「セフレが彼女面してくるから全員切るわ」と嘆いていたり、またほかのエロメンは女優にＤＭを送りまくることで知られていて有名キカタンの事務所からＮＧを食らっていたけれど、ウキウキと誘いに乗った子も沢山いたみたいです。ゲイバーやウリセンなど男性向けの夜の仕事を経験してる人が多く、そのＤＭエロメンが業界のゲイマネージャーとデビュー前にセフレ関係だった話を聞いたときは驚きました。手を出す範囲が広すぎる……。

そんなエロ美男子の希少価値はＡＶ女優を超え、イベントのチェキで月１００万円稼ぐ人気者もいます。これは事務所を離れフリーで活動している場合の手取り額で、男優と違ってプロダクションに在籍している人がめずらしくないのもエロメンの特徴です。女性向け作品に出演する際のギャラだって普通のＡＶと比べて当然高くなるし、写真集やインタビューなど仕事の幅も女優のように多い。

ただ、外見のよさを保つにもお金がかかります。たとえば、男優はいろいろなサプリで精力を高めようとするものですが、男性ホルモンを重視すると髪が薄くなったり肌の調子が悪くなってしまう。そのせいかＡＶ男優の髪形にはスキンヘッドや坊主頭が多いけれど、ジャニーズやジュノンボーイを彷彿とさせるさわやかさが売りのエロメンが、そんな部活動や極道を連想させるヘアスタイルにするわけにはいかない。ヒゲ脱毛しかりメンズエステしかり、女子並みの美容ケアを入念にし続けているうえ、とあるエロメンは30歳になったと同時に植毛を開始したんだとか。とにかく出費がすごそうで、「イケメンは得だ」と言いますが、果たしてどうか……？

第2章

AV女優の仕事現場

まずは「出演承諾書」へのサインから

アダルトビデオ撮影現場で一番最初にすること。それは「出演承諾書」へのサインです。私がAV業界に入ったころは、出演承諾書が必要なのはハードめの作品、たとえば絡みが激しいレズものやアナル、SM作品のみでしたが、2016年のAV出演強要問題を受けて、2018年までにはたとえ絡みがなくても撮影前の出演承諾書への記入は必須になりました。

大手メーカーは、必ず撮影の前日までに契約書を書かなければいけないと決まっているんですが、小さいところだとそれが当日。できれば撮影準備の始まるメイク前に書こうという決まりでした。その段階では「ここまで来ちゃったら書くしかないよね」という気持ちになるので、「この作業って意味あるの?」と常に女優やスタッフがぼやいていたものです。

書式としては部屋を借りるときの契約書のような従来のもので、メーカー用と自分用とに2通作り、それぞれ署名捺印して自分の分だけ持ち帰る。女優は所属プロダクションの社員ではなく、マネージャーはエージェントであり彼女らはあくまで個人事業主のため、女優本人とメーカーが契約を交わしているという形を取っています。

まず最初に書かれているのは、『作品の内容に関して十分な説明を受けたうえ、自らの意思に基づいて作品に出演することを承諾します』という「きちんと理解して出演に承諾しましたよ」ということの確認です。続いて作品の内容について。『私が、私一人でまたはほかの俳優(エキストラも含む)と共に、性的好奇心をそそるため下記例示の通り性的な行為を行うこと』『私が、衣服を脱いだ姿態を見せ、または性的好奇心をそそるための身体的行為を行うこと』

『その他、上記に関連する一切の行為を行うこと』と、こう書かれるとなんだかややこしく思えますが、要は「エロい行為を撮影しますよ」ということです。

さらに例示として、『アナルセックスシーン』『黒人俳優とのセックスシーン』『フェラチオシーン』など、出演する作品内で行う内容が詳しく書かれていきます。テンプレートでさまざまな項目が記入してあって、それが内容にそぐわなければ二重線を引いたり、合っていれば丸を付けたりするスタイルの契約書もありました。『演出としての暴行・脅迫などを伴う性交』『男性に暴力をふるう』などに関しても、「こういう行為を《演技として》行います」ということが明記されているのです。

大体の書式は各メーカーですり合わせていると思うのですが、細かいところは会社によって違います。たとえば肖像及びパブリシティ権の項目には『作品の広告宣伝やダイジェスト版作成のために、女優の芸名・肖像・筆跡・経歴などを無償で使用することを承諾する』と書かれていますが、会社によってはその期間が『撮影終了後3年間』のところもあれば『撮影終了後5年間』のところもある。ただ『以降は1年ごとに自動延長』というのは基本的に各社同じで、それを望まない場合は、こちらから書面で異議を申し立てることになっています。

そのほかにも禁止事項や心構えなど、いろいろと細かく書かれていますが、私が読んでいて「怖いな」と思ったのは、『契約締結時点で妊娠、性感染症に感染していないことの保証』『撮影終了日まで妊娠及び性感染症を防ぐ義務』は女優が負うものとされ、『撮影終了後に妊娠や性感染症への感染が発覚しても、製作者に一切の賠償や責任を求めないものとする』と記されていたところ。さすがに撮影で妊娠したという話は聞いたことがないけれど、ピルを飲んでいれば100％大丈夫というわけでもありません。

当日は年齢確認のために身分証も持っていくので形式はかなりきちんとしていると言えますが、契約書を全部ちゃんと読む人はなかなかいないんですよね……。言葉も難しいし、弁護士がついていてくれるわけじゃない。もちろんスタッフが説明はしてくれますが、結局は向こう側の解釈ですし、将来的に自分の身を守るという点ではまったく意味がありません。

とはいえ、こういう契約書が残っていると、後々、自分がどれだけの作品に出演してきたかが把握できるのでありがたいですね。1日に3本くらい撮影があったりすると、自分でも何をどれだけ撮ったかがわからなくなってしまいます。書類があると引退後、出演AV作の削除申請に必要な「該当作品リスト」を書くときに助かるはず！

ちなみにほとんどの契約書には、最後のサインを書く欄の下に備考欄があるんですが、たいていスタッフから「そこに一言、『がんばります！』といったポジティブなことを書いてくれ」って頼まれます。女優が前向きに仕事を受けているという証拠が欲しいみたいで。なにかトラブルが起きたとき「無理やり書かせたんじゃなくて、自分から進んで契約書を書いたんですよ」って主張するための証拠にしたいんでしょうね。私は解禁作品で「初挑戦のジャンルなので撮影を楽しみにしてます！」なんてメッセージを添えたりしていました。お願いされただけで自主的に書いたわけじゃないけど……。あんなスペースが用意されてるのは、何だか気色悪かったなというのが本音です。

撮影がはじまるまで

私の最初のAV撮影は2014年の7月。5月に事務所に入ってから2ヶ月後のことでした。6月にはアリスJAPANでデビューすることが決まっていたんですが、その前にテストと称して写真を撮ったり、なかなか本編の撮影ができなくて、正直じれったかったです。まあ、事務所やメーカー側としては、デビュー作ということもあって、方向性とか決めることも多かったんだと思います。

待つこと2ヶ月、いよいよ臨んだ初めての現場は……緊張よりもワクワクが勝っていたかもしれない。ただ、やっぱり「今日で私はAV女優になるんだ」という不安と恐怖感はありました。反対にギリギリまで「まだAV女優ではないんだ」という気持ちがあったんでしょう。裸になっても、契約書にサインをしても、カメラの前でセックスするまではAV女優ではないって。

もはや逃げ出したいという気持ちではなくて、いよいよだなという覚悟でいました。まぁ、実際には逃げ出せないっていうのもありますが。当時は「このメーカーと専属契約します」という契約書はあっても、今のように撮影ごとの出演承諾書というのは存在しなかったので「やっぱり無理です」は通らない。スタッフさんたちも嘘くさい程にニコニコして、空気を壊す度胸はわきません。

それに身バレするリスクや親にばれたらどうしようという心配を考え出したら深刻になってしまいそうな気がして、むしろ逆にテンションを上げて明るくふるまっていた気がします。落

2. 本件女優は、本作品(これまでの本件女優が製作者の製作のために実演した作品を含みます。)および将来本件女優が出演し、製作者が製作する作品について、製作者に対して一切の著作隣接権を使用許諾すると伴に、女優名を表示させ、および本作品を改変、編集および加工することを独占的に許諾します。また、前項においても同様とします。

第6条(宣伝活動およびパブリシティ)

製作者は，本作品の価値を最大限に高めるために必要かつ適切と考えるネット上またはその他の広報および宣伝活動(以下「宣伝活動」という。)を行うことができるものとします。また，本件女優は製作者の宣伝活動に関して肖像権の使用を許諾し，また合理的な範囲でこれに協力することを承諾します。

第7条(保証等)

1. 本件女優は製作者に対し本件女優が18歳未満でないことを保証します。
2. 本件女優は製作者に対し本件女優が本出演等承諾書(以下，「本承諾書」といいます。)締結時点において本件女優の知る限り，妊娠，性感染症に感染していない事を保証します。また，撮影終了日までその状態を維持して妊娠および性感染症を防ぐ義務(ピルの服用や生理，　危険日の把握，体調管理などの徹底)を負うものとします。
3. 製作者の事前の書面による許可なく本件女優が本許諾書締結日以降に製作者が指定した外見イメージを大きく変えた場合(髪染め，日焼け，整形，豊胸，刺青，妊娠，過度な体重の増減，その他大幅に外見を変えるなど)，本件女優は撮影に影響が出ないようこれを是正し,間に合わず撮影延期または中止となる場合には,製作者に対して撮影延期または中止にかかる費用を負担するものとします。
4. 本件女優がマネージメント業務委託先を変更する場合には，遅滞なくその旨を製作者に報告することとします。
5. 本件女優が引退を希望する場合は，製作者に対し，その旨を通知します。本件女優は，引退後6ヶ月間は同業に復帰しないことを承諾します。この場合，本作品の販売の継続その他の事項については，本件女優，製作者間で協議を行うものとします。

第8条(守秘義務)

1 .本件女優は，製作者の事前の書面による承諾なくして，本承諾書の存在および内容，本作品の内容等の一切の情報(以下「秘密情報」) を第三者に開示漏洩しないものとします。
2. 本件女優は，製作者またはマネージメント業務委託先との間で何らかの紛争が生じた場合であっても，前項に定めた守秘義務を遵守し，販売店，レンタル店等に直接、または第三者を介して連絡を取らないこととします。

第9条(損害賠償責任等)

1 .本件女優は，自己の都合によって本作品への出演をとりやめた場合，　または，本件女優の都合によって製作者が第3条で定める本作品の販売等ができなくなった場合には，本件女優は製作者に対して，製作者が本作品の製作に要した費用(本件女優の出演料撮影費用その他製作費用等一切の費用) を支払うこととします。
2 . 本承諾書に別途規定がある場合を除いて，本件女優は，自らの故意または重過失により製作者に対して損害を与えた場合は，本件女優は製作者に対してその生じた損害を賠償するものとします。
3. 製作者が自らの故意または重過失により本件女優に対して損害を与えた場合についても前項と同様とします。

第10条(準拠法，協議解決および裁判官轄)

本承諾書は，日本国法に準拠し解釈され,本承諾書の内容に疑義が生じまたは本承諾書に定めのない事項については，本件女優と製作者および所属プロダクション各々が誠意をもって協議し，円満に解決を図るものとします。誠実な協議をもってしてなおも解決されない場合または本承諾書に関する紛争が生じた場合は，東京地方裁判所を第一審の専属的合意管轄裁判所とします。

上記承諾書の各条項については双方読み合わせの上,十分に理解しましたので本承諾書が有効に成立したことを証するために，本許諾書2通を作成しそれぞれ記名捺印の上，原本1通を保有します。本日,間違いなく本承諾書1通を受け取りました。

20**年**月**日

本件女優　：住所　＊＊＊＊＊＊＊＊＊＊＊

　　　　　　氏名　＊＊＊＊＊　　　　　　(印)

製作者　　：＊＊＊＊＊＊＊

　　　　　　＊＊＊＊＊＊＊　　　　　　(印)

[備考欄]

実物を元に作成した出演承諾書のサンプル。基本フォーマットはどのメーカーもほぼ同じです。よく読むとやはりメーカー側に有利な内容になっていることがわかります。

No. 31***

アダルトビデオ出演承諾書

女優名:溢谷果歩　　本名: ＊＊＊＊

第1条(出演承諾)

1.　上記女優(以下「本件女優」といいます。)は，株式会社＊＊＊＊（以下「製作者」といいます。)が製作・撮影・販売・自動公衆送信(インターネットなどによるダウンロード等)する映画・写真の著作物(以下「本作品」といいます。)に出演し撮影されることについて、製作者より第2条で定める本作品の内容についていて＊日前に台本やシナリオ、あるいは、すくなくともその概要について開示され、十分な説明を受けたうえ、自らに支払われることとなる出演料についても十分に理解した上で、自らの意思に基づいて本作品に出演することを許諾します。

2.　本件女優は，前記1の説明を受けるにあたり，製作者またはプロダクション，その他第三者から虚偽の説明をされたり，違約金請求などの脅迫を受けたことは一切ありません。

3.　本件女優が製作者の本作品に出演するにあたって，プロダクション等の第三者に対して，事務処理等のマネージメント業務を委託する揚合には，下記空欄箇所にマネージメント業務委託先を記載します。

マネージメント業務委託先　　＊＊＊＊＊＊＊　　　　担当者　　＊＊＊＊

第2条(本作品の内容)

本作品の内容，本件女優の実演および撮影される動画・写真には，アダルトビデオとして，以下の成人向けの内容が含まれます。

記

作品名　：　＊＊＊＊＊＊＊＊＊＊＊＊＊＊＊＊＊(仮題)

撮影期間:　20＊＊年＊月＊＊日から1日間

（1）私が，私一人でまたは他の俳優(エキストラも含む)と共に，性的好奇心をそそるため下記例示のとおり性的な行為を行うこと

（2）私が，衣服を脱いだ姿態を見せ，　または性的好奇心をそそるための身体的行為を行うこと

（3）その他上記に関連する一切の行為を行うこと

(例示: 性交・セックスシーン，フェラチオシーン，オナニーシーン等及びそれに付随する一切の行為)

（4）加えて本作品においては特に下記行為を演技として行い，これを撮影すること

(演出としての暴行・脅迫等を伴う性交・セックスシーン、アナルファックシーン並びにフェラチオシーン，イラマチオシーン。女優同士におけるレズ的行為)

第3条(本作品の販売等)

1.　本件女優は，本作品について，製作者がこれを自由に編集し，外国語翻訳による字幕版の製作，外国語吹き替え版製作，複製，頒布，放映，上映(クローズド・サーキット・テレビジョン・システム方式を含む）自動公衆送信〈インターネット等によるタウンロード等〉，貸与および販売することを許諾します。

2.　本件女優は，本作品について，第1項に定める頒布，放映，上映，自動公衆送信，貸与及び販売が日本国内及び日本国外で行われることを許諾します。

第4条(権利の帰属)

1．製作者と本件女優とは，本作品の著作権が発生と同時に最初から製作者に帰属することを相互に確認します。

2．本件女優は，製作者に苅して，本件女優の実演に係わる著作隣接権のうち実演家人格権(著作権法第90条の2及び第90条の3)，著作者人格権を行使しません。

第5条(本件女優の肖像の使用)

1. 本件女優は、本作品の撮影終了後5年間、販売中および販売終了後も本作品を広告宣伝・ダイジェスト版の作成のために、製作者が本件女優の芸名、肖像、筆跡、経歴などを無償で使用することを承諾します。以後は，1年毎に許諾期間が自動延長されることとし，許諾期間の延長を望まない揚合には，許諾期間終了1か月前までに書面により許諾期間延長異議の申し出をすることとします。

ち込まないようにして、自らハイ状態を作っている部分がありました。

スタジオに入ってメイクを始める前、身体に下着の痕を残さないために、まずは全裸になってバスローブに着替えます。ＡＶのコントなんか見るとバスローブ姿なので、そこはイメージ通り。ちなみに男優さんは一切着ません。むしろＡＶ男優の方がバスローブのイメージがあると思うけれど、実際にはパンイチか、腰にタオルを巻いてるくらいです。

一方、女性は大体が冷え性なので、女優のためにバスローブや暖かいソックスなどを用意してもらえます。特にデビューの現場では、ピンク色のバスローブにもこもこソックス、さらに「かほちゃん」という名前のバッジがつけてある可愛いスリッパが準備されていました。「撮影を楽しみにしてもらおう」という気づかいでしょうね。お水もペットボトルのキャップにわざわざ穴を開けてストローを通してくれていたり。そうするとこぼれないだけじゃなくストローも動かなくて飲みやすいんです。また、口紅やリップグロスを落とさないためにもストローは大事。最初は「こんなに至れり尽くせりなんだ」という驚きがありました。

用意されているシャワーグッズもいい香りのものが揃ってたな。なかでもジルスチュアートのシャンプーとコンディショナーがとても気に入って、実は私、今もそのシリーズを愛用しています。

監督をはじめとしたスタッフ全員が、いろんな現場を経験したうえで、女優をご機嫌にした方がスムーズにいくと知っているんでしょう。ペットボトルをそのまま渡したら「グロス取れちゃうじゃん」って言われてストローをさすようになり、「そのままだと蓋閉められない」って嫌がられて蓋に穴を開けるようになるとか、過去に女優が意見を伝えて変わっていった歴史があったのかもしれません。

こうした女優への手厚いケアは、特に単体メーカーが強い。女優はお姫様気分にさせるべきという信仰があるのと、企画女優と違って他に替えがきかないため「怒らせないように」とか「嫌がられないように」という意識が高いようです。女優の仕事を続けているうちに、こういうスペシャルなあつかいに違和感を感じるようになっていきましたが、最初の現場では新鮮だったし、やっぱり嬉しかったと思う。

ちなみにAV撮影の現場では、女優に対して男優以外はさわらないのがルール。ここは徹底していて、ADさんも非常に気を使ってくれます。逆に外の世界での方が、AV女優だとわかったとたん気軽におっぱいをさわってくる人がいたりするのは驚きでした。黙って体にさわってくる人は、業界より一般社会の方がはるかに多いですね。

デビュー現場では、まわりのスタッフさんたちがよく話しかけてくれました。もちろんそれは私の様子をうかがうっていう目的もあったはず。そんななか、監督が「人生で初めて会うAV男優さんだろう」って紹介してくれた私の初お手合わせ相手はEXILE系というか、日サロ焼けしたマッチョな男性。会った瞬間に「あ、AV男優っぽい!」と納得しちゃいました。実際はAV男優さんのなかにも、ルックスが普通でボディもぽっちゃりしていたり、全然業界人らしくない方も多いんです。逆にそんな素人みたいな男性が、ユーザーが共感できるという意味で好まれたりもします。けれど単体女優と絡む場合は、ザ・プロ男優臭を漂わせている人の方が断然マジョリティ。その方が単体女優が喜ぶという面もあるし、彼らは他よりギャラもスキルも高いといわれているため、専属デビューを安心して任せられます。

実際にトップ男優と呼ばれる人たちは、撮影中も上手に体位を変えてくれるので、こちらは何もしなくて済み、楽なんです。相手がお上手かどうかで、疲れ方って違います。特にAVに出始めのころって、ピュアさを求められるから女優側からすることはあんまりない。私の場合はデビューが従順系な美少女メーカーといわれるアリスJAPANだったので、余計に「うぶな感じで！」って指示されて、当日もほとんど喋らせてもらえませんでした。性に不慣れな演技をしなくちゃいけなくて、とても苦しかったですね。しかもインタビューパートでは、経験人数を3人って言わされちゃうし。せっかくキリよく50人にしたのに！

現場ではシャワー三昧

絡み前は男女共にシャワーを浴びる決まりです。私にとって初体験だったのが、現場に必ず置いてある『プチシャワー・セペ』。それまで使ったことがなかったので、初めて使い捨てビデの存在と使用法を教えてもらいました。当時、AV女優は現場に性感染症の検査表を持ってくる必要がない時代だったこともあり、衛生面も気にしてかセペは必需品。本番行為前にそれを使い、ナカを綺麗にしておくわけです。

デビュー作は、2日間連続の撮影で合計3絡みでした。セックスを撮る前にシャワーして、終わった後にも浴びるので、2絡みなら撮影中に最低3回はバスルームへ行くことになります。「ＡＶ女優って、こんなにシャワー浴びるんだ！」とびっくり。頻繁に洗ってたら肌荒れしそうだし、ボディクリームを持参するようになりましたね。

最初のころは撮影が終わると必ず身体のどこかに打ち身のあざができていたのも不思議でした。いろんな体位をするからなのか、激しいからか、最中に痛みを感じることはないけれど、気づくとけっこう青タンを作っていて。総合格闘技のジムに通っていたころ、肌が擦れ合うだけでも内出血が生まれていたので、ＡＶ撮影は格闘技みたいなものなんだと思いました。寝技で関節と関節がぶつかり合うだけで、殴り合いじゃなくても青あざはできるんですよ。こればっかりは極力気をつけなきゃ、と困ったものです。

体のケアといえば、初撮影では「傷とかタトゥーありますか？」と聞かれます。たまにタトゥーのまま出演している女優さんもいますけど、基本的に男性受けが良くないので、タトゥーは舞台用のスプレーファンデとかで消す人が多いです。同様にあざもコンシーラーやスプレーファンデで隠します。

それと、最初のころは「顔や首などの目立つホクロも隠した方がいいよ」とマネージャーに言われました。ＡＶ女優って、ホクロで本人特定されることが多いから。私も最初は消してもらってたんですけど、やっぱり動いていると途中で浮き出てきちゃうので「こりゃ意味ないな」と気づき、途中からしなくなりました。デビュー前は「ホクロでばれたらどうしよう」と思ってたんですけど、ばれちゃった後はもういいってふっきれる。逆に「この目元ぼくろはチャームポイントだから濃くしてください」ってお願いするくらいになりました。こだわりすぎていろいろな箇所を消すのに時間がかかれば、「面倒くさい子」としてメイクさんに嫌われる可能性もありますしね。

ＡＶの撮影は基本アドリブだった

ＡＶ出演強要問題以降は撮影内容が細かく書かれた脚本が用意されるようになりましたが、以前はＡＶって、ドラマシーン以外は基本的に脚本がありませんでした。たいてい「服を脱がせる」とか「オナニーシーンを撮る」くらいにざっくりとした流れが書かれているだけで、極端なものでは「エロ1」とか「エロ2」とだけ書かれているときもあるくらい。もう少し丁寧な場合は、こういう体位をしてほしいっていう指定が書かれていたり、参考写真として他ＡＶ作品の画像が添えられていたりすることもあります。監督によって作り方はいろいろですが、しっかりセリフが書かれているのは本当にまれですね。特に絡みに関しては、その場の雰囲気を大切にする監督さんが多いので、だいたい撮影現場で「あれやろう、これやろう」という流れで撮っていく場合がほとんどです。

そんなわけで私の初現場の初シーンも、台本には「服を脱ぐ」としか書かれていなくて、受け答えは全部アドリブ。せめてキャラ設定がされていればよかったんですが、それもないままでの初めての撮影だったので、自分がカメラの前でどんなふうにふるまえばいいのかがわからなくて困りました。

東京都練馬区にあるハウススタジオのお洒落な中庭で、「じゃあ、服脱いでみようか」と言われて一枚一枚脱いでいきながら「デビュー作におけるAV女優ってどんな感じ？」と自分の頭のなかで正解を探していました。とりあえず服を脱いでいって、単にいつもの習慣でそれをきれいに畳んだら、「脱いだものを丁寧に畳むのはいいぞ」ってほめられました。

そして全裸になったところで、「どんな気持ち？」「恥ずかしいです」みたいな受け答えをしていたら、監督に「いま、なにが一番したいですか？」って聞かれたんです。

セリフに関してはまったく指示されていなかったため、「いま私は全裸で、これAVでしょ？　だったら答えは『セックスがしたい』だ！」と確信して「エッチがしたいです」って答えたら「はいカット！」。まさかの不正解でした。

え？　って聞くと、「そこは『服が着たいです』でしょ」って。いや、服を脱ぐところを数分間ネットリ撮られて、また着るの!?　めんどいわ！　と、もうわからなくなっちゃった。私この先、このメーカーで、このキャラクターではやっていけないかも……と不安しかありませんでしたね。その時点で5本の出演が決まってたんだけど、最速辞めたくなりました。

さらに撮影時には、プレイ中に自分から相手にさわっちゃだめと言われて。気持ちが高まってきちゃうと男優さんの体に触れたくなるんですけど、それはNG。ほかにも、自らなにかしたいって言うのも禁止で、ほとんど黙っていなきゃいけなかったんです。だからデビュー作の私、犬笛みたいな聞き取りにくい喘ぎ声しか出してません。

どんなリアクションで怒られるのかが不明なので、余計なこと言っちゃいけないと思ってしまって単語や文章は避けました。「あんあん」ばかりで、「気持ちいい」さえほぼ発せず、ちょっとつまらなかったです。私、普段はセックスって男女が五分五分くらいで行くべきだと思っているタイプだったので、「これじゃ全然楽しくない」とがっかりしたなあ。

男優さんはまるでサムライ

ただ、やっぱり男優さんはすごかった！　絡みのシーンは、挿入している時間だけでも30分くらいあったりします。もちろん入れっぱなしではないけれど、寝から立ちに座りにと体位を変えたり、ひとつの体位でも挿入したまま様々なアングルのカメラワークで撮っていったりするので、とにかくそれだけおちんちんの覚醒状態を保つのがすごいなって。

実は私、プライベートでは挿れたら3分くらいでイっちゃうお手軽セックスばかりだったので、とにかく第一印象は「長いっ！」でした。「なにこのセックス、知らない！」と。愛撫も挿入も気持ちいいし、それが一瞬で終わらずにず～っと続くし。「こんなに私ばかりイカされてていいのかな」って戸惑うくらい。それまでは男性が果てちゃって寝た後に私が一人でこっそりする……なんてことも多かったんです。男性とは雰囲気だけ楽しんで、その後、自分でその情景を思い出しておかずにするタイプだったので、セックスしている最中にこんなに満たされるというのも驚きでした。今までのセックスの概念をくつがえされましたね。

「こんなに長い間、挿れられてていいんだ」「おちんちんで私も気持ちよくしてもらえるんだ」。それまでどんだけ短かったんだ、満足してなかったんだって話だけども、過去の決して少なくない50人の男性とのエッチ、どれと比べても圧倒的に長い。ドラゴンボールでたとえるなら、サイバイマンとフリーザの戦闘力差くらいでしょうか……。私のまんこスカウターは完全にぶっ壊れました。今までの性行為はNHKのミニ番組ですら見終わらないくらいの長さだったのに、撮影時はテレビアニメは余裕、ドラマだって1話見れちゃうくらいでしたから。

単体女優のデビュー作を任されるレベルの男優さんになると、体力が凄まじい。しかも勃起したままで、発射のタイミングもコントロールしなければいけないんですから集中力も恐ろしく高そうです。当時の私はなにもしてなくて、ただコロンコロンとひっくり返されるだけでした。それだけでも少し疲れてくるのに、男優さんの方が何倍も動いている。カメラが止まっても、撮影開始後すぐ挿れられるようにと勃起をキープさせるため、監督の説明を聞きながらナチュラルにおちんちんをしごいてるんですよね。その姿は、なんだか刀を構えた侍のような佇まいでした。

黙って照明を当てられる羞恥プレイ

当然のことですが、撮影現場ではスタッフの皆さんはとても真剣で、プロの仕事をしています。カメラワークを考えたり、照明を調整したり、撮影が中断したらADさんがすかさず「お水どうぞ」とストローのささったペットボトルを渡してくれたり。とにかくその場にいる皆さんがあまりにプロフェッショナルすぎて、いやらしい雰囲気はまったくないんです。なんとなく想像していた「ああ、エロいねエロいね〜、いいよ〜！」みたいな空気ではなくて、拍子抜けしてしまいました。

アダルト現場とはいえ、みんな超大人。撮影中も音が入っちゃいけないから、当たり前ですけどシーンとしています。自分たちの絡む声しか聞こえないから、かなり緊張しちゃう。目の前でエロいことが起こっているのに周囲がみんな真剣だから、初絡みは不思議な感覚でした。見られているけど、やらしい目では見られてないっていう違和感。

そうなると、もうカメラで撮られていること自体より、真剣に撮られていることの方が恥ずかしくなって。「私、目の前でセックスしてるんだよ？　このリアクションどうなの？」って内心困ってましたね。観客が笑ってくれない芸人さんみたいな気分でした。むしろニヤニヤしながら撮られた方が楽だったんじゃないかな。

他にも驚いたのは、セックスのないシーンもかなり撮るということ。オナニーとか、服を脱ぐだけとか、フェラのみの口内発射、またはパイズリで挟射《きょうしゃ》とか。こういうプレイってプライベートでは前戯としてするだけで、あくまでもセックスの一部。それオンリーで完結しようという人はあまりいませんよね。だから、それらの場面も撮るのは新鮮でした。

ただ、絡みより短いとはいえ最低20～30分は撮るので、新人時代には「時間どうやってもたせればいいんだろう……」と悩みましたね。フェラもパイズリも、ずっとやってると疲れてくるもの。しかもデビュー当時はウブキャラを演じるために饒舌になってはいけなかったので、淫語を混ぜられず辛かった！　キャリアがつけば痴女キャラとか、女優に主導権を握らせる系の作品が増えてくるので、好きにアドリブを入れたりできるんですけど、デビュー作はずーっと黙ってパイズリをしなければいけなくて、腕ちぎれるかと思った記憶がありますね。上下運動で手も肩も疲れてきちゃうし、胸は赤くなるし……。パイズリ20分は重労働です！
翌月の2作目からはアドリブの自由度も上がっていったけれど、初現場はほんとしんどかった。

〝ホンモノ〟と〝疑似〟の違い

AVの世界には、リアルとファンタジーが共存します。ほとんどは後者で、セックス、中出し、唾液、潮吹き、ザーメン、陰毛や髪の毛、そして勃起チンポすらも「作り込む」ことができちゃう。もちろん、ニセモノが多い分「私たちは本物で勝負するぞ！」とガチを売りにするメーカーも登場しました。ただし皮肉にも夢のない話で、制作費の縮小や過激な描写の制限が推奨されるようになったりして、リアルへのこだわりは優先しにくくなってきているのが近年です。

アダルト作品を制作するにあたって、女の子の出演料以外で最もコストがかかるのはスタジオ代。撮影が長引いてレンタル延長代がかさんだり、終電を逃した女優のタクシー代を負担したり、またはその女優のマネージャーから「困るんですけど～。売れっ子でスケジュール過密なんすよ～」とドヤされて怖い思いをするくらいなら、早くテキパキと終われる道を探すのが得策でしょう。肉体的負担が少なく、時間削減もできるよう、小道具やカメラアングルに頼ってお芝居のエロを作ります。

本物の射精にこだわれば男優さんが勃起するまでに時間がかかったり、ガチの潮吹きのためには大量の水を飲んだ女優の尿意を待たなければならず、撮影スケジュールが読めなくなってしまう。そこで〝擬似〟の登場です。

また、トラブル回避だけではなく、映像的な演出のため疑似に頼らなくてはいけない場面もあります。水鉄砲みたいな射精や、シャワーみたいな潮吹きは、誰でもできるわけじゃない。しかし視覚による興奮を促すコンテンツである以上、必要な画は生まれてくるのです。

AVのなかにウソが生まれるのは、このようにいろいろな大人の事情があってのこと。やはり〝オトナの世界〟だもの。男性は「夢を壊された」と複雑な気持ちを抱いてしまうかもしれないけど、アダルトビデオ内で起こるプレイを下手に真似したら、女性の身体に負担がかかる危険性だってあります。

それにもっと現場の裏側を知れば「えっ……本物に見せるために、そんなことまでしてたの？」という意外な努力や工夫に感心するかも。その辺りの職人芸に関しては、次章で詳しくご紹介しますね。

〝本番〟とは何か

40歳以上のAVファンなら「本番NG女優」や「疑似本番女優」というワードを聞いたことがあるでしょうか。そう、昔（といってもアダルトビデオの歴史は40年にも満たない）、たとえば故・飯島愛さんの時代も疑似セックスが多かったとか。

2000年以降で記憶に新しいのは、2005年にデビューした元祖お菓子系アイドルみひろさん。デビュー時はレンタルメーカーのアリスJAPANとマックス・エー2社ダブル専属で30本撮った後、セルメーカーのマキシングで本番解禁して2010年まで現役を続けました。そのパッケージには「遂に本○解禁！」と、一応伏せ字ではあるもののデカデカと〝今までは疑似だった〟ことが明かされている。アダルトメディア研究家の安田理央さん著『AV女優、のち』のトークショーで共演した際、「もっと名前を知ってもらうために決意した」と話していたように、抵抗はあったものの、仕事として文字通りやり抜く覚悟を決めたそうです。

しかし、AV前からヌードモデルとしてすでに話題だった彼女は特別枠。同じトークイベントにいらした長谷川瞳さん（AV出演は2001～2004年）はレンタルメーカーのh.m.pからのデビュー時、疑似という選択肢は「当然のようになかった」とおっしゃっています。ちなみに私はデビューして1年以上もAVのなかで疑似が存在していることすら知らず、そんなのはVシネやピンク映画だけの話だとばかり……。「AVとは？」と疑問に思いましたね。

現在は、余程の芸能人でない限り、最初から本番は当たり前とされています。ただし、そもそも本番を滅多に撮らないAVメーカーがあります。それは「作品のなかでセックスシーンが重要な役割でない」からという場合と、「予算の都合」という2つの要因からです。

ひとつめの事情から説明しましょう。いわゆる〝フェチもの〟ではセックスの代わりに尻コキ、腿コキ、足コキなどで射精に導きます。世のなかにはいろんな性癖の人がいて、「顔面をベロベロ舐められたい」「思いっきり噛みつかれたい」「脇をくすぐられたい」、さらに踏まれたい願望の人は「音楽フェスライブ最前列の床になるのが夢」と目を輝かせながら語ってたほど。彼らがＡＶに求めているのは性器の合体で得られない興奮であって、セックスじゃない。

最近では「ＪＯＩ」なんて新ジャンルもあり、これはJerk Off Instructionの略。jerk offは英語でシコると同じ意味で、それを指示する〝オナサポ〟ＡＶのことです。完全主観で女優のオナニー指示を受けながら言われた通りにシコシコする内容になっていて、Ｍ嗜好ユーザーの間で人気だとか。元々は海外で流行ったものが普及されてましたが、これも本番なしで成立しちゃいます。

他にも唯一の特撮ＡＶメーカーは、エッチな展開より格闘シーンに時間をかけます。当日のアクション指導に、様々な角度からのカメラワーク、背景合成用グリーンバックの準備、アテレコなどなど、5分の映像のために1時間以上も使う。加えて衣装や大道具にまでお金がかかる分、予算にまったく余裕がないんです。セットの仕込みやバトルシーンに時間がかかるため、朝まで撮影が長引くこともめずらしくなく、日雇い1万5千円バイトが終日手伝いをしていたりと、過酷な現場です。ただ、この会社はＡＶ以外に地方ヒーロー特撮番組の制作も行っているので、現場の経験が広く役立つんだとか。

ギャラは本番行為の有無で大きく変わる

本番を撮らない2つ目の要因は、ＡＶの出演料が「本番行為があるかないか」で大きく変わることです。ＡＶ業界では本番を〝絡み〟、フェラやパイズリなどを〝エロ〟〝小エロ〟、疑似セックスを〝疑似〟もしくは〝疑似絡み〟と呼び、「内容は1絡み2エロ2疑似の5コーナーで

8時入り22時終わり予定、ギャラは◯万円で確認お願いします」というように詳細が届くのですが、絡みの有無で◯のなかの期待値は全然違います。

『世界一変態で恥ずかしい挑戦～ハイテンション変態女子が厳粛な図書館でドン引き全裸淫語羞恥芸～』は企画メーカーROCKETによる2013年の作品ですが、ツイッター上でサンプル動画がバズったのか、女優仲間とのLINEグループで2019年夏になって話題に上がりました。内容は、フルヌードの女の子が静かな図書館のなかでお下品な一発ギャグを次々と披露し、本を読むことに集中したい人たちから終始嫌な顔をされ続ける、という何とも言えない状況です。2人1組で組体操をして、1人が逆立ちしてご開帳した足の間から、もう1人が夕陽のように変顔をピョコっと出すのなんて思わず噴いてしまいそうなのに、図書館利用者役のエキストラたちは徹底的にドン引きした演技しかしてくれません。つ、つらい……。

女優も決して恥じらってはいけず、「私のくっさいおまんこ見てぇ～」と大声で叫びながら読書している人の文庫本の前で大陰唇を開く思い切りの良さがポイントで、どんなにネタが豪快にスベろうが気にせず続ける姿が笑いどころ、というかヌキどころなんでしょう。たしかに発想が斬新で、面白い。売り文句は「SEX、オナニーは一切なし、『他にはない』衝撃的なヌケるシーンが満載！」です。

しかしLINEグループ上にいる私たちは全員「本番どころかエロい行為がないから絶対格安ギャラでしょ！　それでこんな恥ずかしいことやらされんの？」と恐ろしくなりました。このメーカーは、出演女優が多いときは撮影チームを分けて「この時間、女優Aはメイン作品の本番をしてて、女優Bはサブ作品の疑似」というように1日に何作品かまとめて撮るスタイルなので、この作品だけに出演したわけじゃないと思うのですが……。女優の性格によっては〝全裸でお下劣ギャグスベリっぱなし〟なんて、普通にエロいことするより体張ってる内容なのに「セックスなし」だからギャラが安いということが、我々業界人にはわかってしまうのです。

どんなに小さな制作会社でも、疑似を本番にするならモデルプロダクションに支払う額は最低10万円のレベルで変わってきてしまいます。その程度かと思うかもしれませんが、たとえばヘアメイクさんの相場は日当3万円で、5万円なら人気の凄腕メイクさん。外注ADさんも同じく。これを零細メーカーはアシスタントディレクターなら社員で安く済ませてエキストラや男優までやらせたり(もしくは逆で社員を雇えないのでギャラの安い男優さんにADをやらせたり)、メイクさんは専属として仕事を依頼することで金額を交渉しており、1万円でも安く済ませるカツカツぶり。女優にかける金額だって、セックスするふりだけにして叩けるなら、叩きたいでしょう。

とはいえ、そこはやはりAV。疑似でも「挿入シーンを2、3分だけ撮らせてほしい」と交渉してくるのです。現場では「抜き差し」と無機質に呼ばれる挿入シーンは、官能小説風に言えば〝肉棒〟を〝花弁〟に入れたまま動いているとわかるアップ映像のこと。その数分の抜き差しがあるだけで、残りはチンコが入ってるふりをしてるだけでも、見ている人にはずっと入っていると思わせることができるというわけです。

たしかに女性として身体にかかる負担はグッと減るけれど……。個人的には、それまで信じていた「チンコが入ればセックス」という概念が覆されました。童貞の皆さん、とりあえず挿れれば卒業ってことにはならないらしいぞ！　それまでセックスした男優さんをノートに詳細に記していた私ですが、数に入れるべきかわからない「挿入するけど疑似セックス」が増えたあたりから、かなり適当にならざるを得ませんでした。

もちろんAV事務所も、そこは1絡みと同じ金額までとはいかないものの、通常の〝抜き差しなし疑似〟と比べて上乗せ交渉はします。でも「ちょっと挿れるだけだから安く済まさせてよ」っていわれるのは、女性としてモヤモヤしてしまう……。

仕事だからと割り切って承諾しつつも少し複雑に思っていたら、プレステージ系列MADの監督が「僕はそういうの女優さんに失礼だからしたくない」と言ってくれて嬉しかったなあ。そのころには疑似のオファーに慣れてしまっていて、自分から「抜き差しも撮りますか？」と聞いたんですよね。その監督は、男優さんが勃ち待ち（フニャチン状態で撮影中断させること）して、ADさんが「女優さんにヘルプ頼んだらいいよ」――つまりキスやフェラなどをしてもらって興奮すればいい――と言ったときも注意してくださいました。「女優に対して作品内の演出以外でエロ行為をさせるのはいけない」と考えてのことでしょう。この方、作品情報にまったく監督名を出していないからお名前を申し上げることはできないのですが、そんな「カメラを持っている側は目立たなくていい」という立ちふるまいも格好いいです。

正直、AVの作り手は男性ばかりなので、同監督のように女優の精神的な部分まで気づかえる人はほとんどいません。私たちの好きなドリンクやお菓子を用意してくれたり、可愛いバスローブやスリッパを用意してくれたりと表面的や優しさやお姫様あつかいはあるけれど、こういった心のケアはめずらしい。だから余計に救われた気持ちになりました。

業界内では昨今、「AVが本番禁止になる」という噂が囁かれています。しかし、「東京オリンピックに向けた規制が厳しいだけで、五輪が終われば今以上に過激になる」という意見だってある。どちらが真実かは現時点でわからないけれど、地上波テレビや一般誌からエロが消えていっているのは事実です。コンビニの成人誌販売も、2017年末にミニストップが中止を打ち出し、2019年1月にはセブンイレブンとローソンの発表を受けてファミリーマートも続きました。

テレビにいたっては、ポロリ水泳大会がないどころか、パンチラまで禁止。露出度ではなく「下着が見えるのがいけない」らしく、恵比寿マスカッツの衣装はスカートの下に水着を履かせていたり、私がテレビ東京の「ゴッドタン」に出演したときも「谷間はいいけど、パンチラは駄目」と厳しくカメラチェックが行われました。そんな世の中の空気に合わせてか、アダルトビデオでも過激さを抑えるため圧倒的に減った撮影があります。さて、何だと思いますか？

〝中出し〟とは何か

それは「真性中出し」。そもそもAV作品には中出し描写が非常によく出てきます。というのも顔射好きには〝ぶっかけ〟、口内発射フェチなら〝ごっくん〟があるし、私は巨乳枠なので胸上の発射が比較的多かったけれど、それでも膣内でのフィニッシュを好む展開ばかりでした。モザイクの向こう側から白濁液がタラリと出てくることで、シーンの最後に視聴者にさらなる視覚的興奮を与えることができるため、演出として非常に効果が高い。

2007年8月号の『NAO DVD』に掲載された特集記事によると、当時「中出し」表記される作品が増えたらしく、同年6月に発売された1143作のうち106作もが「中出し」を含んだタイトルだったとか。その記事のなかで、AV専門誌『ビデオメイトDX』の松沢雅彦編集長が「1997年ごろのアタッカーズ作品や、1999年から続く桃太郎映像の中出しシリーズがブームの原点では」と言及しています。

粗かったモザイクの範囲が狭く薄くなり可能になった〝膣中からのタラリ〟描写。ただしモザイク処理が甘くなったということは、女優の秘部の色や形だけでなく、男優がゴムを着けているかもわかりやすいってことで……。リアルさを求めるユーザーの声に応えるため、見るからにウソくさい偽物精子を使うのではなく（疑似中出しについては次章で詳しく説明します）、本当に生中出しセックスを撮るようになりました。

「エンターテインメントのためだけに実際に生ハメ膣内射精までするなんて、倫理的にどうなんだ!?」という疑問は残るものの、それを言い出したら成り立たないのが、セックスを見せるAV業界のビジネスです。もちろんリスク対策は徹底していて、性病感染の危険を回避するために2週間以内の検査を義務化。粘膜が直接当たる上に避妊のためにピルを飲まなくてはいけない女優は、肉体への負荷が大きくなるため出演料も上がります。

しかしながら女性にとってカジュアルな気持ちで挑戦できるものではないし、女優のブランド価値を上げるため、本人がＯＫでもあえて保留という判断を取る事務所やメーカーもある。時機を見て「遂に本物中出し解禁！」と大々的に宣伝できるのが双方にとってベストです。

ちなみに私は昔から結婚や出産願望がなかったため「きっと人生で中出しすることないだろうし、やってみたい」という気持ちから事務所に判断を委ね、２０１６年2月に単体作品で解禁。その興味が満たされた後は、企画ＡＶでもオファーがあればワーカホリックさゆえに承諾し、気づけばそれまで縁のなかったピルを2年間も飲んでいました。

初中出しの感想は……うーん。糸引く絵面には興奮したんだけど……。中に精子が発射された瞬間って水鉄砲で打たれたみたいな強い感覚かと期待していたのに、全然よくわからずガッカリでした。でも、男優さんは挿入するときにゴムセックスの時よりうれしそうで、とっても可愛いなと。それにコンドーム着用の手間がなくなることでゴムずれで起こる勃ち待ちも少なく、撮影はスムーズに進みます。私自身も体質的に薬の副作用をほとんど感じなかったため、現場自体は楽でした。

ただし生理不順でもないのに処方箋を毎日飲む行為に抵抗があり、摂取していると私生活において平気で生中出しされてしまうなど不快な思いをすることも増えたので、キャリア後半は嫌でたまらなかった。２０１8年に所属事務所を移してからは、すでに多くのメーカーが真性中出し離れしている時期だったこともあり、行っていません。

ガチ中出し撮影に向けての準備は、マネージャーから渡される低用量ピルを撮影まで指示通りに服用するという、プロダクションによる所属モデルの体調管理。最近では「18歳からずっとピルを飲んでいる」なんて子も多いけれど、私は習慣がないこともあり、事務所の女性スタッフがクリニックで手に入れたものを受け取っていました。

なぜそこまでマネジメント側が面倒を見るかというと、女優のピル代（1シート3000円くらい）を負担することと婦人科に足を運ぶ手間を省くことで、本物中出しの仕事を簡単に受けてもらう状況を作るためです。私の部屋にはまだ「撮影が急に入った際の緊急用で」と手渡された、元マネージャーの名前が書かれたアフターピルが残っています。ほかの事務所にいた女優の話を聞いても、みんな同じようなシステム。しかし、女優が働きやすくするためのサポートとはいえ、他人に自分が処方された薬を渡すのは違法になる可能性を含んでいます。それでも、プロダクションから低用量ピル、または現場の制作スタッフにアフターピルを渡されるのが、AV業界に対する世間の目が厳しくなる前の慣習でした。

けれど2017年10月に出たAV出演強要被害告白の記事で、その通例は変わることに。2016年3月にファンだったAV男優とツイッターを通じて会い、そのままプロダクションに連れていかれたという当時19歳の女性は、同社長から「胸が大きくなって肌も綺麗になる薬だよ」と低用量ピルを受け取ったと話しています。その後、社長から〝ピル係〟に任命された30代男性マネージャーが彼女に服用期間の指示をしたり、体調面のアドバイスをしていたとか（年上とはいえ、医師でもない男性が避妊薬の助言なんてできるんでしょうか……）。それが国内未認証薬で、個人輸入した医薬品を第三者に渡すことは医薬品医療機器等法（旧薬事法）で禁止されていることもあって、社会的な問題になりました。

ＡＶメーカーはもちろん、私の所属していた事務所も薬を渡すことに及び腰になり「飲みたかったらクリニックを受診して、自費で購入して」と言ってきたため、そもそも中出し撮影を辞めたかったものだから喜んでピル断ち。私に自分のピルを渡していた女性マネージャーは「身体のためにピルは飲んだ方がいい」と強く勧めてきたのですが、「低用量ピルは乱れたホルモンバランスを整えるための治療薬としてあるべきだと思うから、避妊目的だけで服用するのは嫌です」と信念を曲げずノーを貫きました。

男性って膣内発射にあこがれがあるのか、私が大好きなエロ漫画でも男性向け作品に非常に多く見られる表現です。反して、女性を対象としたコンテンツは18禁のコミックもＡＶもそこをボヤかして描く。女性向けアダルトメーカーであるSILK LABOに出演した時、まさにそうでした。

一般的なＡＶなら、疑似中出しが主流なこともあり、実際はゴムを着けていても生ハメしてるかのような演技を指示されるけど、SILK LABOは「避妊してるかどうかは言及しないでください。カメラも中出し描写を撮らず、最後はフワッと終わらせます」という演出。女性ユーザーは精子を映す生々しい絵面は苦手で、中出しなんてもってのほかなんだとか。いや〜、わかる！　私もデビュー前は、テレフォンセックスですら「中に出して」なんて言いたくなかったもん。現実的な想像をしちゃって、架空の話といえど怖くって……。ＡＶ女優は基本「中に出して♥」と可愛く言うキャラを守らなくてはいけないから、大変ですわ。

まぁ、女の子にも「腐女子」と呼ばれるBL（ボーイズラブ）好きが多く、そのジャンルでは中出し表現もめずらしくありません。当事者じゃないからこそ、好き放題に妄想をふくらませられるんでしょう。男は妊娠しないだろって思うかもしれませんが、オメガバースとか男性が孕む内容もある。BLは精神的に引いちゃう男性が多いと聞くので、私たちが男女の中出し作品に抱く感情とまさしく似ているのでは。

需要が多くある限り、供給していかねばならないのが商売。AV監督もメーカーも、「売れるから」「ユーザーから求められるから」と中出し描写だらけです。しかし、①予算や検査などの手間がかかる、②出演者がNGプレイにしてる、③昨今はアダルト規制が厳しい、といった理由から、9：1の割合まで疑似が増えています。私が引退作を撮った2018年5月時点では、SOD系列以外で真性中出し撮影を続けていた制作メーカーを知りません。さらに2020年7月の情報では、それらのメーカーも本物を撮っていないようでした。

陰毛事情

突然だけど、私はパイパンです。パイパンとは「アソコが無毛」ということ。最近はVIO脱毛が普及しているのでめずらしくもなくなりましたが、要はツルツル状態になります。デビュー作で「パイパンデビュー」とうたわれたけど、生涯で生やしたことはありません。いや正確には、初潮を迎えてからがんばって伸ばしてみた時期はあったもののチョビヒゲほどにも生え揃わず、全身脱毛と併せてレーザー照射したらあっという間に産毛すらなくなりました。

小学校6年生の臨海学校でお風呂に入ったとき、成長の早い同級生のボーボーなアソコを眺めながら「いずれは私もあんなふうに……」と想像していたころが懐かしいです。

漫画やアニメ好きの私としては、二次元キャラってほとんどアンダーヘアが描かれないから違和感ありませんが、当時のAV業界では〝マン毛付き〟が基本のようでした。『週刊プレイボーイ』の初グラビアでは「無毛恥帯」と大きな見出しを書かれたし、現場で「果歩ちゃんってパイパンだったんだ！」と驚かれることも多くてなんだか恥ずかしかった。

まだ20代までなら「最近は脱毛ブームだよね」と納得できるものの、これが熟女になると「イメージに合わない」と〝陰毛ウィッグ〟を貼られることもあります。付け髭の感覚だけど、取れてしまったり、皮膚に合わずかぶれてしまったりといろいろ大変みたい。しかし普段の見た目と少しでも変えることで、彼氏や夫にAV出演がバレるのを防げると安心できる利点もあるとか。

同様の心配をしてるのは女優だけでなく、知り合いにバレたくない汁男優がカツラを被ったり、伊達眼鏡を掛けることは多い。ただこれ「私たちの方がパッケージ写真にも顔出ししてバレのリスク背負ってんのに、男優がコソコソして！」と女優からの評判めっちゃ悪いうえ、監督が「そこまで男優中心に映さねぇよ！」と自意識過剰っぽさに苛立ったりするので、現場で気に入られたい新人男優さんはご注意ください。あと、自前ウィッグが不自然すぎるとプロデューサーが嫌な顔します。

逆に男優の髪形がスキンヘッドの場合、「これじゃ会社員に見えないからカツラを被せましょう」という演出的判断が下されるケースも。髪の毛くらいならウィッグでどうにかなるけど、引きこもり息子役の色白男優さんが咽頭クラミジアにかかり当日出演できなくなったとき、代役で日サロ焼け×白い歯の男優さんが現れたのには一同笑うしかありませんでしたね。

ドキュメントAV

どう見てもオジサンが学生服を着ていたり、棒読みすぎる台詞回しがAVならではのドラマ世界観である一方、台本なしのリアリティ作品も作られます。しかしテレビ番組と一緒で、企画や打ち合わせを事前にしておいた方が、いいエンターテインメントができあがる可能性が高いため、いわゆる「ヤラセ」がほとんど。

アドリブや行き当たりばったりの撮影は、頑張った達成感が倍以上です。ただし、それでたいして売れなかった場合の虚しさもすさまじい……。そして本人がよくても、まわりから「あんな予定外のことされて大丈夫だった？」と心配されることもあります。

アダルトといえど女優と呼ばれる以上は「ちゃんと演技するから、前もって台本を渡してほしい」というのが演者の本音です。実家暮らしや彼氏持ち、家庭がある立場ならなおさら、香盤表がなくて終了時刻が不明な現場ほど嫌なものはありません。

ただ、なかには演技がド下手な子だっている。2行以上の台詞を覚えられないわ、噛んでしまうわ、指示を与えた途端にぎこちなくなるわ……。そういう子は仕事を始めて何年たっても、プロっぽくならないんですよね。AV女優がタレント・アイドル化してる現在、それはそれで「応援したくなる」天性の魅力というもの。こういうタイプの女子には、本当のドッキリが仕掛けられます。だって嘘くさいリアクションより、リアルの方がよっぽど面白いから。

前の事務所で出会った、AV界でめずらしい〝本当の処女デビュー〟をした先輩女優は、まさしくそのタイプでした。礼儀正しくウブで男性慣れしていない彼女は、エレベーターで人気男優さんに突然キスされるという仕掛けに、「何するんですか！」とビンタしてしまったとか。ガチだと、そんな予想外のハプニングもつきものです。ただ、最近では男優の名前を知らされないことはないようですが。

私は真逆で、むしろドッキリに気づかれて失敗するのを懸念したらしく「果歩ちゃんは仕事ができるから流れを伝えておきます」と進行を教えてもらえることばかりでした。「すべて澁谷さんにお任せします」と監督が何も指示を出さずカメラを回していたことも。ほめてもらってるけど、もはや制作側のサボりを感じるような？　とはいえ、制作会社は1週間以上連続で撮影が続くことが普通だから、彼らにとって「お任せ」でいける女優は、大事にされていないようで大事な存在です。

第3章 AV業界を支えるプロの技

ＡＶ女優の演技とは何か

やらせでもガチでも、売春や風俗みたいにセックスを売り物にしていることには変わらないだろ？　そんな軽蔑や偏見の目を向けられるＡＶ制作者たちを支えるのは「映像作品を作っている」というプライドと責任感です。体位にしろプレイにしろ、画面の向こうに伝わるように、ユーザーを興奮させることを念頭に撮るので、役者も演技を工夫するようになります。

たとえば喘ぎ声。私は極度のオナニストで、デビュー前は「イク」という感覚を自慰以外で得たことがありませんでした。それに実家住まいでオナニーも静かにこっそりイク癖ができていたせいか、最初のころは監督に「イクときが地味」と指摘されて困りました。

自分が気持ち良くても、それが見てる人に伝わらないと駄目だ……。それ以来、大きめの声を出すように気をつけてたら「うるさくてワザとらしい」ってレビューに書かれて、またおさえるようになりましたけど。でも一度声を出すことを覚えたことで本当に気持ちいいときは自然と漏れるようになり、結果的によかったです。

演者は誰もがパフォーマンスを向上させるための習慣を心がけてるエロ職人。ただセックスしてるだけじゃなく、「頭おかしくなっちゃう～」などと白目で舌出しながらも、ちゃんと次の行動を冷静に考えています。プロとして第一線で活躍する人物は、どんな業界だろうと〝意識高い系〟なんです。本章では、そんな業界人たちの小さな努力や我慢を紹介させてください。

私がデビュー作を撮り始めた２０１４年夏は、４月１日に『日本ＡＶ男優協会』というものができたばかりで、出会った男優さんの名前を検索すれば公式HPでプロフィールを探せました。残念ながらその会は、同年10月8日に理由を明かすことなく解散表明をしているけれど、このオフィシャルサイトには登録男優の身長だけでなく、チンコの長さ、そして性感帯も記載されていたので、共演前の予習によく使わせてもらったものです。

「○○さんの大好きな乳首、舐めちゃいますね♪」と言うと「えっ、何で知ってるの？」と照れた表情を見せてくれるので、単純に「相手の気持ちいい所をわかっている」という性的アドバンテージ以上に、撮影中の雰囲気が和やかになります。

男優側も、若手ほど事前に女優名を調べてSNSまで見てくる人が多い。私は絡んだ順番で男優さんの名前を書き残していたのですが、日付や現場の制作チーム名まで細かく記していた人もいます。どうやら、ある女優に「はじめまして」とあいさつしたら、「以前お会いしてますけど……」と機嫌を損ねてしまった失敗談があるそう。女優は男優を指名したり共演NGにすることがあるので、好印象を与えなくては――と共演女優を覚えておくのでしょう。逆にひっぱりだこのベテラン男優になれば、その辺は適当になってきます。

個人的に興奮するのは、エロだけで挿入のないシーンを共演した後に、絡み現場で再会したとき。「このあいだはフェラ抜きだけだったから、やっとつながれてうれしい」なんて盛り上がっちゃうものです。男優さんもよく覚えているもので「前回はアナルにしか入れられなかったもんね」「3Pじゃなくてピンで絡むの初だ」「男からさわれないVR撮影でもどかしかった」など、なかにはパッケージ写真用にふれあうだけだったケースも。そういうもどかしさを経ると、お互いのなかで「ようやくエッチできるね」という二人の世界観が生まれ、めちゃくちゃ高まる～！　もちろんそのためには、一方的ではなくて同じ記憶と気持ちを共有していなくてはいけません。相手の顔と名前を忘れないようにするだけじゃなく、どんな作品や場面だったかを思い出せれば、いい絡みが期待できます。

役者とはいえ初対面同士で「よろしくお願いします」とあいさつしてすぐに肉体的な関係を結ぶのだから、AVの性行為は無機質だと思われがちでしょう。しかし身体の敏感な部分がふれあうということもあり、共演者への気づかいは欠かせない。一般の仕事もいろいろと経験した私が自信を持って言いますが、AVの現場はどんな職場よりも気配りが徹底されています。セックスは頭も身体も使う究極のコミュニケーション。まずお互いのことを知る、また知ろうとする姿勢が大切なのです。

撮影を楽しくしてくれた淫語ノート

元記者ということもあってメモ魔な私が記録していたのは男優情報だけじゃありません。初めてのレズ作品で〝タチ〟（いわゆる攻め役。受け役は〝ネコ〟）、それも題名が『人妻を虜にする寸止め淫語レズビアン』だったから、自分のエロ広辞苑をぶ厚くしなきゃ、と前日に隠語ノートを作りました。

まず始めたのは、エッチな擬音語集め。オノマトペが豊富な日本語は、その独創的な音の響きが、特に漫画において想像力を掻き立てる役割を担っています。ロリ系エロ漫画家あかざわ

RED氏が広めたとされる「くぱぁ」はAVのタイトルにも使われるし、「シコシコ」「ズコバコ」「ズチュッ」などは効果音だけで直接的なエロを連想させる、凄まじい力があります。

そこで私も「Hな言葉が咄嗟に思いつかなくても、いやらしい音をノリで口走れば間が持つのでは」と考え、「ちゅぱちゅぱ」「じゅぼじゅぼ」「ぬぷぬぷ」などいろんなパターンを呪文のように書き連ねました。最初は一から自分で文章を考えて覚えるよりも、こういった音の方が身に付きやすいかと思ったのです。

前述したように、AVの台本はエロシーンに「絡み」と記してあるだけで、丁寧なものでも体位か大まかなプレイ内容（シックスナイン、アナル舐め、手コキなど）くらいしか書かれていません。最中の台詞はアドリブでお任せということ。2019年4月からは、AV出演強要問題に対する改善の一環として、必ずスクリプトを前日までに送らなければいけないという業界ルールが生まれましたが、それ以前はそもそも台本が存在しない現場すらありました。「情報流出を避けるため」という名目で事前に渡さないメーカもめずらしくなかったのですが、当日に受け取った紙にも箇条書きで流れがざっくり書いてあるだけ。「こりゃ当日にもらっても全然覚えられるわ」と安心したものです。

そういう事情もあり、セックス中の喋りはドラマシーンの口調や与えられた役柄からいろいろと想像したり、同じシリーズのAVを参考にしたりと、インスピレーションが重要になってくる。私は元々エロ漫画の愛読者なので、レズなら百合作品といったように撮影に合わせてジャンルを選び、メイクや休憩中も読んではイメージをふくらませていました。

気に入ったフレーズは自分が言いやすいように変えてメモし、「ナース」「人妻」「巨根」「筆下ろし」といった役柄や作品の内容にカテゴリー分け。悩んでも、そのページを開けばすぐヒントを得られるようにするためです。

私は英語を勉強したときも、まずいろんな文献を読んだときに学んだ単語をランダムに並べ、その後に例文や派生語を加えて3色ペンを使って書きなおし、アルファベット順に並べなおして製本……と何冊も単語帳を作りましたが、時間はかかるものの楽しい作業。必然的に繰り返し学ぶから、知識が刷り込まれて非常にいい勉強になるんです。このメソッドを生かし、日常で思いついたり発見した淫語をスマホや紙に残して最終的に1冊の「自分だけの淫語ノート」を完成させました。大事なものになるからと、渋谷LOFTでいろんなノートを比べた結果、選んだのは高級商品『モレスキン』でした。

元々、エッチの間は何を喋ればいいかわからずいつも不安だったけれど、淫語トーク力はこうして確実に上がりました。AVライターさんにも「また澁谷果歩が新たなパワーワードを生み出した」と作品の感想を書かれるようになり、めでたしめでたし……ではなく。引退後のある日、部屋の掃除中にノートを見返したら恥ずかしさでいっぱいになり、「死んだ時に見つかったら二度死ぬ……」と思いました。むずがゆくなる愛情表現とか、とてもじゃないけど見せられない口上ばかりです！　心まで裸になっていたのかな？

特にギャグ系が圧倒的に多くて、たとえば「CA（客室乗務員）」なら手コキしながら「どうぞ精子を離陸させてください。お客様のチンポにも快適な空の旅を楽しんでいただきたいんです」とか、パイズリしながら「さぁ、私のおっぱいを滑走路にして、お口めがけて飛び立ってください」とか。たしかにこれらは大喜利感覚で台詞を考えていたノリがあるし、ファンの方にもイベントで「あれ笑ったよ～。『我慢汁クチャクチャうるさくって、お喋りなオチンチンね』ってやつ」と言われたし。エロより笑いに走りすぎたと反省することも……。でも、自称「淫語ソムリエ」としていろいろな状況に対応できるエロ弁舌を考えたおかげで、より撮影を楽しむことができたのはまちがいない。

現役ラッパーのかるまtheZIPPERさんは乱交作品『おっぱい保母さんが優しく育ててくれるから子作り』での私の発言をパンチライン（HIPHOP用語で「決め台詞」や「聞かせどころ」、「名言」の意味）と評し、自分の巨乳を園児役の男優に弄られながら、「これミルク入ってるわけじゃないの。違う……、おっきいだけなの」と申し訳なくうつむいたり、股間を開きながら「この場所から赤ちゃんが生まれるんだよ。ここに『ただいま』しよっか？」というカットを挙げてくださいました。〝ヌケる〟より〝ウケる〟淫語という印象だけれど、こうして評価してくれる人がいたというのは自分にとって大きな励みでした。

書きとめていた素敵な台詞にピッタリのシチュエーションがいろんな意味で〝ハマった〟瞬間は、ラブソングの歌詞を実体験で理解できたときのような感銘を受けます。『かたりたがーる』という作品は監督と二人きりでインタビューを交えながら過ごすハメ撮りドキュメンタリーなのですが、初めの絡みで思わず「今だけ好きになってもいいですか……？」という言葉が口をついて出ました。あらかじめ同作の雰囲気に合うよう前もって考えていた一言ではあったけれど、これぱかりは冗談風に言える淫語と違って、タイミングと感情が伴わなければ発せられない。そして、思いと言葉が上手く重なり伝わったのか、この数秒後に監督は発射しちゃいました。

肛門だってトレーニングが必要

エロ口調だけでなく、感度を上げるための試行錯誤だって欠かせない。男優さんのなかにも「男の潮吹き」を身につけようと鍛錬している人や、弄りすぎてブドウみたいにぷくっと膨れた乳首の持ち主が多くいます。しかし男女共通で定番の鍛錬パーツといえば、やっぱりお尻の穴でしょう！

アナル現場は、必ず慣れた男優が入念に女優の尻穴をほぐしてくれる時間が用意されています。共演者の場合が大抵ですが、女優さんとのレズアナルでは「尻ほぐし役」だけのために若手男優さんが現れました。まず女優はお手洗いでイチジク浣腸を済ませ、アナル男優さんの待つ場所に向かいます。タオルの敷かれた場所に横たわると、アナ男さんがローションをつけた指で優しく部位を撫で、1本ずつ指を挿入し、人によってはアナルグッズやバイブ等を使用しつつ、2〜3本の指で広げていきます。お湯浣腸をしてナカを洗浄する場合もあるので、浴室で行うことが多いですが、女優がリラックスできるように個室などスタッフから見えない空間を選びます。

とはいえ少しでも撮影スケジュールを順調に進めるため、前日にセルフである程度慣らしておくもの。ただし、下手に刺激の強いオモチャを乱用して傷つけるのは逆効果です。私の場合はもともとお風呂に浸かりながらお尻の穴を愛でるのが好きだったけど、それだけでは充分に拡張できず……。「アナルプラグ」を知ってからは、とても頼りにしていました。

2016年からAVN（Adult Video News）という米国・ラスベガスで毎年行われる世界最大のアダルト・エンターテインメント・エキスポに3年連続で出演したのですが、2年目の2017年に近くのブースで偶然見つけたのがアナルプラグとの最初の出会い。ホットピンクのメタル栓の先に白いジルコニアのようなキラキラした宝石が付いていて、『Butt Bling』と手書きの札が付けられていました。とっても可愛くて、お店のお姉さんもフレンドリーで、買った翌日に着けて、「今入れてるんだ〜」「ワーオ♥」とキャッキャしたのが懐かしいな。

シリコン製も多いのですが、私は「①熱が伝わる。②肌とくっつかないので抜き差ししやすい。③重さがあるので入ってる感覚に酔える」という理由から断然メタル派です。空港など金属探知機がある場所では、装着に気をつけなくてはいけませんけどね！　現役時代はすっかりアナルプラグ愛好家になった澁谷果歩ですが、買う決め手になったのは、その性質や使い心地ではありません。持ち前の好奇心に加え、「これなら〝ガチでアナルが好き〟だとファンに信じてもらえる」と考えたから。

アナルを性器として挿入するプレイは、身体に無理をいわせるハードさもあってギャラが通常の絡みより高く設定されます。よって、お金のために積極的に引き受ける女優、またゲイビデオの「受け」をする男優もいる……というか、それが大半。ただ私はデビュー前にアナルセックスしたときから「やばい、これ気持ちよすぎてイクのが怖い」と思ったほど、本気で感じちゃうんです。何なら2穴（前と後ろのサンドイッチ挿入）は、後ろの方が感覚研ぎ澄まされてる！　それに、応援してくれる方に「嫌だけど無理してやっている」という印象を抱いてほしくありません。〝ガチ恋〟系だと「嫉妬で出演AVは見れない」なんてケースすらあるけれど、そこまではいかずとも熱心なファンなら「レイプ系の作品は可哀想で見れない」と口を揃えて言います。

まわりに心配させないためにも、またほかの女優と一線を画すためにも、アナルを楽しんでいるイメージ作りをしたかった。「澁谷さんは今度どんな作品を撮りたいですか」というメーカーとの打ち合わせでも、「アナルは陵辱系が多いから、〝明るいアナル〟をしたいです！」と言っていたくらいです。それにアナルジュエリーは見た目も可愛いし、へそピアスと同じようなファッションアイテムだといえます。違いは、穴を開けるか、もともと開いているかだけでしょ？

自分はたまに英語試験の面接官をしているのですが、そんな責任重大な仕事中に机の下でアナルプラグの刺激を感じると、眠気抑止と集中力向上につながります。きっとコートの下で全裸だったり、ストッキングをノーパンで履いたりするのと同様で、「普通の生活をしてるけど、私ったらこんな格好してる。あいさつする人たちは、そんなことを想像もしてないだろうに」なんて精神的興奮もあるかも。そもそもアナルプラグなんて、ほとんどの人が名称を聞いたところで「何だそれ」となるくらい認知度の低い品ではありますが、ぜひ、ここで名前だけでも覚えて帰ってください。

形状やサイズも豊富で、私は引退作でラストシーンにアナルセックスもすると決まったときは、2週間以上かけて小さいアナルプラグから徐々に大きい物にしていきました。ただ、その期間だってほかの現場があるから外さなきゃいけない。しかし本編中は無理でも、パッケージ用のスチール撮影中は粘って着けたままにしてました。

引退撮影の1週間前に同じメーカーでおっパブ（おっぱいパブ）ものの作品を撮ったときもそうしたのですが、座りの大股ポーズと薄いTバック衣装の影響で、アナルから落としちゃって……。メタルだし大きめを入れる時期だったため音もゴトンと鈍い音を立て、カメラマンさんだけじゃなく、エキストラさん全員を驚かせてしまいました。

足を開いたポージングのせいで落ちたけれど、普段の生活では常にお尻を締めて落とさないよう過ごします。こうすると自然に腹筋を鍛えられるため、運動不足や飲み会が続くときは大体挿れてました。お勧めのプチトレーニング☆

花粉症は薬に頼るべからず

ただでさえティッシュの減りが早いAV現場では、春のちり紙消費量は凄まじいことに。『鼻セレブ』のような柔らかい紙質だと精液を拭くときチンコにへばりついてしまうため、普段は安物ばかりの現場ですが、この時期は女優の鼻が赤くならないようにとローションティッシュだらけです。ま、『ローションティッシュ』っていう名称がちょっと紛らわしいけどね……。しかし、花粉症のせいで鼻をかむことはあっても、薬を飲む人はいません。

実は、花粉症対策の服薬で「勃たない」男優や「濡れない」女優が多くって。業界人にとっては当たり前なのですが、一般の方々で春に「最近セックスがいまいち気持ちよくないなぁ」と思ったら、それは年齢やマンネリじゃなく花粉症薬のせいかもしれません。これはぜひ知っておいてほしい豆知識。

勃たないのは鼻粘膜の充血を抑える作用が、濡れないのは鼻水の分泌を抑える作用がアソコに影響してしまっているから。人間の身体は鼻の奥にも生殖器と同じように海綿体があり、ここがふくらむと鼻づまりが起こるという仕組みです。そのせいで、鼻づまりを解消する薬がオチンチンにまで影響してしまう。また、鼻水に効く薬を飲むと「喉が乾く」と感じたことはありませんか？　鼻炎薬で代表的な抗ヒスタミン剤の影響に加え、ベラドンナ総アルカロイドという成分が涙腺や唾液腺の分泌機能も抑制するためです。こういった働きかけと同様に、膣分泌液が減少する可能性が。「いつもより愛液の量が少ないな」と思ったら、それは彼への愛情が失われたわけじゃなくて花粉症の薬を飲んだせいかもしれません。

唾が減るのだって、こちとら死活問題です。湿った口内はキスやフェラに欠かせないし、飲ませ合うプレイもできるし、タラリと唾液が垂れる様は断然見栄えがします。なにより男優もリアルに気持ちよくなって、絡みが盛りあがるもの。汗っかき女子は「肌がベタついてごめんね。気持ち悪いよね」なんて恥ずかしがったり申し訳なさそうに生きているけど、ＡＶの世界なら出せる水分は多ければ多いほど喜ばれます。

私は花粉症が始まった時期、偶然にも陵辱系の撮影が多かったので「しめしめ……。この内容なら涙も鼻水もウェルカム」とむしろラッキーに思ってました。さすがに嬢王様が鼻垂れて涙目じゃ様になりませんが、『脅迫スイートルーム』では足で顔を踏まれるシーン中に無様な表情を見せられたので「サンキュー花粉症！」と感謝してました。

結局のところ、花粉症用だけでなく風邪薬だって撮影前には飲まないという人たちばかり。ペニスとヴァギナを〝ガチガチ〟と〝ビショビショ〟のベストコンディションにしておくのは、仕事としてセックスするうえで必要な準備なのです。

とはいえ、性器は体調と精神で状態が変わりやすいデリケートな部分です。言うことを聞かないときもあるでしょう。女優なら「アソコが痛い」という場合、モザイクにも助けられて、大人のオモチャを当てるふりや指やチンポを入れてるふりができます。しかし男優がフニャチンだと、どうにもこうにも隠せない。こういったときは、いわゆる〝勃起薬〟と呼ばれる精力剤やサプリを使うことも当然あります。でもこれは最後の手段。さらに「女優に失礼だ」という意識から、撮影中にそれらを飲む姿はほとんど見られません。男優が自分たちでこっそり摂っておくのがマナーなのです。

スタッフサイドが気を使って「俺、ＥＤに効くいいヤツ持ってるからあげるよ。飲んどけ」と言っている段階ではすでに手遅れで、その男優はもう勃起うんぬんより「次はこの監督の現場に呼ばれないだろうな」ということで頭が一杯になっています。また、そんな直接的なサプリに頼らなくてはいけない時点で、男優としてのキャリアに限界が見えているでしょう。

中学生男子並みの射精量を誇る男優さんたちは、やはりサプリメント愛好者ばかり。そのほぼ全員が摂取する「亜鉛」を、私は〝男優サプリ〟と呼んでいました。前立腺や性腺に高濃度で含まれているこの栄養素は、精子の生成に関係していて、米国では「セックスミネラル」と呼ばれているほど。口コミによるとザーメンがマシマシになるそうなので、1日3発イケちゃう猛者なら一般男性も試してみては？

手作りザーメン

前章でお話ししたように、現在の主流であるウソの中出しをどうやって本当のように見せてるのか？　ここではその「中出しマジック」の種をくわしくお話ししていきましょう。種だけに。

「モザイク越しにコンドーム着用がバレる」という問題は、相模ゴム工業の『マジックシェイプ1000』で対応する現場が大多数を占めました。フィット感で売りの同商品はタイトさゆえ着用にやや手間取るものの、膣から抜き出すときにゴムがひっぱられて伸びる心配がありません。残念ながらメーカー製造終了になってしまったため、AV制作会社は探せる限りの店舗在庫を買い占めたんです。かわりに、同じく薄ピンク色の『オカモトコンドームズ0.02EX』を使用している撮影も多かった。無色透明よりピンクの方がモザイク越しに「生っぽく見える」そうで、ゴムの輪っか部分をハサミで上手に切って外せば、薄モザイクでもバレない〝エセ生チンポ〟の完成です。

そして女優のアソコに、ペットの食事補助で使用するプラスチック注射器（シリンジ）で疑似ザーメン（通称〝ギジザー〟）を流し込み、チンコで「蓋をする」――実際にこの滑稽な表現が現場で使われてます――。注入された後、女優は腹筋に力を入れてキツくマンを締めるのが重要です。ここで誰かが冗談を言って笑ってしまうと、せっかく入れ込んだ疑似精液がゆるんで溢れちゃう。

ギジザーと称される白濁汁の中身は、過去は「ローション×練乳」「卵白×練乳」などの組み合わせが主流であったものの、最近はもっぱらミニッツメイドのゼリー飲料『朝バナナ』一択。何も混ぜることなく、そのまま使えちゃう頼りになるヤツです。AV撮影スタジオ近くのコンビニは、朝イチで売り切れ続出中。

しかし『朝バナナ』は現場のツナギ（スタッフ・出演者が休憩中に自由に食べられる軽食）とまとめて一緒に購入されるため、うっかり食べられないよう気をつけなくてはいけません。キャリアが浅いメンバーが疑似精子の材料だと知らずに飲んでしまい、あわててADが買いに走ることもありました。まぁ現場での使い方を一度でも見れば、「二度と朝バナナを美味しくいただけない」と言う業界人ばかりですが……。

女性の大事な部分に流し込むだけでなく、お口のなかに溜めて「いっぱい出たね♥」なんてシーンを撮ることもあるので、味は保証できずとも、すべて食べられる素材で作っています。しかし不味いくらいなら別に問題ないけれど、まれに卵アレルギーやバナナアレルギーの女優がいて、疑似精液を注入したら湿疹だらけになってしまい大変な現場があったと聞きます。それ以来、女優の食べ物アレルギーを事前確認するのが必須になりました。

個人的に「一番ソレっぽい！」と思ったギジザーはKMPのVR（ヴァーチャルリアリティ）現場のもの。「わぁ～、ホンモノにしか見えない」と伝えるとアニー中村監督は嬉しそうに「でしょ？ ウチの調合は企業秘密さ」と返し、卵の白身以外の材料は教えてくれませんでした。また、ここでは疑似中出しも一度カットしてシリンジで注入するのではなく、騎乗位で盛り上がった女優が前のめりに男優に覆い被さったところで、女優がユーザーの視界から隠れるカメラ外に手を伸ばし、掌にギジザーを隠して起き上がります。そしてチンポを抜く演技中に股間を触れ、そこから垂れた白い液体と手の上にある残りから、あたかも今しがた中出しされたのだと自作自演する。ユーザー目線の主観撮影というVRの特性を利用した死角作りが完璧です。これなら疑似セックスでも中出し演出のためだけに挿入して蓋をする必要なく済むし、なにより臨場感が大事なVRでは、シーン分け以外のカット割より一連ですべてを撮り終えるのが好まれます。さすがアダルト業界で「VRの質がナンバーワン」と呼ばれるKMPの制作でしょう。

見た目じゃなく味の一番であれば、ROOKIE。このレーベルは『世界一コンドームをパンパンに膨らます男のなか出しドッカーンSEX』や『世界一ザーメンを大量に発射する男のぶっかけSEX』など〝世界一の精子量シリーズ〟を撮り続けていて、本来なら農薬をまくために使うような業務ポンプに疑似精液を蓄えて噴射します。粘り気があると詰まってしまうので、前述した通常の配合ではなく豆乳を使っている。無調整豆乳なら色味がやや黄味がかって

リアルだし、どろっとしているので。撮影でガンガン顔に浴びたのですが、凄く美味しかった
です。
私が出演しているのは『世界一早漏男の連続射精SEX』というタイトルですが、本当は
『世界一発射の勢いが凄すぎる男の孕ませドッカーンSEX』を撮影する予定だったんです。
しかし圧がかかりすぎたせいでポンプが破裂し、急遽内容を変更する事態に……。ポンプをあ
つかうために雇われた専門の技術さんは、吹き飛んだ部品が口元に当たり前歯を折ってしま
い、救急車で運ばれるという大惨事でした。精子にこだわるあまり、生死まで脅かされるなん
て恐ろしい。いや冗談抜きで。
このように中出し演出用だけでなく、即席の白濁液はいろんな場面で代用されます。監督が
スムーズな流れで撮りたがったり、男優が体力的に射精できない際などに大変便利なため、顔
射やぶっかけ作品でも頼りになる存在です。ちなみに、そんなときは勃起だけさせて、陰茎の
後ろに疑似精子の入ったスポイトを隠し「あぁ、イクッ!」と言いながらドピュッと上手く液
を押し出している。イクふりの演技をするのは女優だけじゃありませんね。
ただし不器用でスポイトが見えてしまう男優もいて、めちゃくちゃ怒られてるのを何度も目
にしました。失敗すれば女優のメイクなおしも必要だし、逆に時間がかかって現場の空気をピ
リピリさせることも……。小ぶりなオチンチンほど隠しづらいため、疑似精子をスポイト発射
するのに重宝されるのは、勃ちのいいデカチンです。ギンギンの状態でなければスポイトを上
手く固定して握れないし、亀頭が大きければより〝発射口〟が身を隠せて安心だとか。

ＡＶでデカチンが好まれるのは男性ユーザーの巨根信仰が大きいけれど、撮影現場にはそんな隠れた理由もあるのです。

張りぼてチンポ

やはり巨チン男優さんは絵的に迫力があるので重宝されますが、大きなオチンチンだって作ることができる。たとえば、男性が勃起しているパッケージ写真を撮る際には、ディルドなど張り型を持ってポージングしているし、本編で美術スタッフによって手作りされたデカマラが登場することも。工作用紙や新聞紙または模造紙を使用した頑丈な作りのうえ、絵の具でリアルに色づけされていて、モザイク越しだと本物に見えるんです。

中は空洞でリアル男根に被せられるようになっており、尿道部分には小さな穴が開けられている。さきほど言及した〝ありえない射精〟を描くROOKIEでは、この工作チンポに細い管を繋げ、その穴から疑似精子を発射できるようにポンプで押し出します。ちなみに、このメーカーは『世界一のデカちんショタが巨乳ドスケベ姉妹とおねショタSEX生発射！』なんてＡＶも作っていて、その場合はとんでもなくビッグサイズの工作チンポを使います。

工作品といえど身体との不自然な境目を隠すため、リアルな毛まで施されている。逆に男優の陰部は全剃りで、被り物オチンチン内で綺麗にスッポリ収まるのがベター。また、大抵のＡＶは男性出演者が入れ替わるパターンでも、この撮影は〝チンポ衣装〟の都合により終日同じ人でなくてはいけません。ようやくオーダーメイド処理して男優に着せた後も、シーンが始まる前に確認事項がまだまだあります。射精用ホースが突出してモザイク範囲を越えていないか、はたまたポンプ側に伸びた管がバレていないか入念なカメラチェックを済ませ、バケツを用意し、その中めがけて「ピュッピュッ」「ドピュー」と小出し＆大出しの疑似ザーメン発射練習をしてから、ようやく撮影開始。

張りぼてのチンポを装着するときは目立たない肌色テープを貼って固定しますが、ここで重大な注意点が。中にしまってある本物肉棒が勃起してはいけません！　平常時に合わせてつけるから、勃ってしまうと浮きやズレの原因になるんです。とはいえ目の前でエロい女優にイチャイチャされると興奮してしまい、私の現場でも幾度となくテーピングがメリメリと剝がれてしまいました。

ちなみにこのときの若手男優さんは、休憩時間中「さっきトイレで澁谷さんのサンプル動画見て抜いてきました！」と対策していて、何だかうれしかったです。まぁ業界人なら試聴で済ませず購入するべきだけど、急いでたから仕方ない。とはいえ微笑ましく思ったのは私だけで、まわりのスタッフさんは「プロの男優なら勃起コントロールしろよな」と舌打ちしてましたが……。ＴＰＯに応じて萎えたり勃ったりしなくてはいけない男優業は、とっても大変そうです。

〝潮吹き〟って本当にできるの？

工作チンポに取りつけた細い管は、〝疑似潮吹き〟にも使われます。前述のように女優すべてがクジラ体質でも、男優全員が吹かせられるゴールドフィンガーの持ち主でもない。欲しい画を確実に手に入れて撮影を円滑に進めるため、また女優へ身体的な無理を強いないためにも、必要な技術といえるでしょう。

ただし潮吹きホース設置には時間がかかるので、かわりに海綿を使って潮吹き演出することもあります。海綿とは一般的にメイク用として売られているスポンジで、水分をよく吸収するため、生理中の膣へ入れて出血を止めるのがアダルト業界での主な使い道です。疑似潮吹きの場合はこれに水をタップリ含ませて手に握り、女優が「イクゥッ！」と叫んだタイミングで強く絞って、水滴を飛ばします。私もレズ作品で相手の女優さんが潮吹きできないからと、攻め役の私が海綿を持って演じたことがありました。

かくいう私め自身は、現役時に「疑似潮吹きはNGです。本物しか出しません」と言い続けていました。「一度でも疑似をしてしまえば、すべて偽物だと思われるから」という職人的なプライドがあったのだけど、まわりは「アナル舐めたり唾飲まされるの無理とかならわかるけど、そんなNG聞いたことない……」と困惑してましたね。もちろんそのかわりに、めちゃめちゃ吹いてました。

しかし最初から自由自在に吹けたわけじゃなく、はじめはベテラン男優さんのテクニックに頼るばかり。そこでパイズリ以外にも絵的に派手な武器を増やしたいと、お風呂で練習したんです。企画単体女優に転向すると、多い月は15日以上が撮影で埋まった分、本番で試せる回数も増えてすぐコツが掴めました。それだけAV現場が繰り返しあったので、自分が飽きないよう、なによりユーザーに飽きられないよう、いろいろな吹き方を研究しつつバリエーションを増やしました。

威力と見映えを意識した潮吹きって、私のなかではムーンサルトみたいなイメージです。天才プロレスラー・武藤敬司さんは20代に米国で武者修行した時期、この技を使いすぎたことが原因で両膝を悪くしたといいます。ただ「この技のおかげでアメリカに渡れたし、アメリカで這い上がれた」とも語っている。大柄な日本人がトップロープからの飛び道具を使えたから米マットでも名声を得られたわけで、その代償に膝を壊してしまったとはいえ、納得した様子に見えます。ファンの私はそんなストーリーにあこがれ、勝手にインスパイアされまして……。女優潮吹きは膀胱や腎臓に無茶をいわせるプレイだけど、それだけ評価される技術でもある。女優なりに覚悟を決めて使うものなんです。

でも結果、引退までの約3年半を健康なまま潮吹きパフォーマンスし続けられたから、本当によかったと思います。周囲の潮吹きで有名な女優先輩陣からは「膀胱炎でお薬飲んでる」とか「水中毒になった」という話を聞くし、酷いケースだと腎臓病で入院した例もあるので、会得したい女優には絶対無理しないことをお勧めします。私はラッキーだっただけです。

加えて自分の場合、幼いころから「トイレを我慢するのが気持ちいい」という妙な癖があって……。便座に座ったときも、エッチなことを妄想しながらお手洗いしていました。幼少期からうまいこと膀胱コントロールをやってきていたのが、AVでも生きたのではないでしょうか。ただ、最初は見られる恥ずかしさや緊張と闘って、思う通りにできるまで時間はかかりました。「するのは恥ずかしいけど、できないのは悔しい」――。負けず嫌いさが、なんとか羞恥心を押さえ込んだ次第です。

排尿と潮吹きはAVファンタジー的には別物としてあつかわれるけれど、手マンテクニックで出されるわけじゃなく自分で狙って出す場合なら、感覚は同じ。ゆえに向いているのは日常的に水分をよく取り、トイレが近い子。ちなみに私は毎日2ℓ以上はかならず水を飲むし、90分映画が始まる直前に用を足してもエンドロールで化粧室に行くのを必死で我慢しちゃうタイプです。

潮吹きや汗だく系の撮影現場はペットボトルの水とポカリスエットがたくさん並び、「ポカリの水割り」を我々は〝潮吹きドリンク〟と呼びます。水だけだと味気ないし、ポカリは甘すぎる。水中毒防止やほどよい栄養補充の意味合いでも、「ポカリ：水」を「2：8」か「3：7」の割合で混ぜたものが好まれがち。女優の好みで「薄めお願いします」「私は半々くらいがいいな」とオーダーし、バーテンダーことADさんに作っていただく。

〝潮吹き茶〟として業界で有名なのは「なたまめ茶」です。健康的なスーパーフードとされ、加工して漢方薬も作られる「なたまめ」は、体内に溜まった余分な水分を排泄してくれる効果があります。それで「潮が吹きやすくなる魔法のお茶」と評価されているのだけど……。濃いめの麦茶のような味で『〈伝統〉爽快なたまめ茶』のようにゴボウが含まれている種類もあり、苦手な子は多い。見た目も茶色なので歯を磨いた後は飲みたくないし、「おしっこに色がついてしまうんじゃ……」と不安にさせるのが難点かな。

またAV現場には必ずといっていいほど『レッドブル』が置いてあるのですが、『オロナミンC』を含めエナジードリンクは尿が黄色くなってしまうため、潮を出す女優は飲むのを避けます。「ご飯を食べると出にくい」「米は駄目だけどパンなら出せる」と食事にもこだわっていたり、潮吹きを操る女優は己の飲食ルールを持っているもの。一人ひとり身体の構造が違うので、経験を重ねて自ら学んでいくしかありません。自分の身体と会話するという意味でも、潮吹きをモノにしようと努力した日々は人によっては過酷な一方で、個人的にはとても楽しめました。

でも体質的に向かない人のためや、体調が優れない場合、疑似に頼るという選択肢があるのはとてもいいこと。射精演出のときと同じように、「その方が撮影展開をコントロールしやすくて楽だ」と言う監督も多いんです。ただ当然ながら「モザイク越しに今のバレちゃったから撮りなおし！」なんて事態も起きます。しかしこれはまだいい方で、完全にホースが映ってしまったのを編集作業中も誰一人気づかず、そのまま世に出てしまった作品は沢山ありました。そういうリスクがあるので、私は疑似潮吹きを絶対したくなかったんです。セックスや中出し、射精がウソなのは大人の事情だとしても、潮がウソなのは女優の能力不足だと思われちゃいそうだなと。

ほとばしる汗と愛液

潮や尿をフェイクにできるなら、ほかの体液もいけるのでは？　その通りで、汗や唾液に愛液までも作り込むことがあります。たとえば熟女レーベルＭａｄｏｎｎａで２０１２年から続く人気シリーズ『熱帯夜』は、パッケージがびしょ濡れキャミソール姿の女優で、内容も和室での汗だくセックスシーンが売りの人妻官能ドラマ。絡み中は部屋を閉め切ってストーブをたき、その上に水の入ったヤカンを置いて蒸し状態にします。

これで相手の男優さんは汗だくになったものの、私は体質的に発汗が弱く、玉の粒が流れなかった。そこでカメラが胸のアップを映す間に、ＡＤさんが「シュッシュ」と私の首筋に霧吹きを噴射することに。中身はお湯だけど、これが空気に触れると一気に冷えて……。肌は毛穴が立ち上がって寒そうなのに汗だくという不思議なバランスと、吹きかける音が映像に入ってしまうんじゃないかが終始不安でした。

この日は真冬の撮影だったのですが、スタッフチームが言うには「真夏なんて死にそうになるほどしんどいから、ツイてる」らしい。そんなこと言われちゃ弱音は吐けません。エロじゃない場面では半袖衣装から出た腕に鳥肌が立たないようギリギリまで身体を温め、季節はずれのソーメンをおかわりしました（おなか減ってただけ）。

伸びと量に定評のある「ツバロー」こと〝唾ローション〟は、レズ専門レーベル・ビビアンの監督が好んで使っていました。レズＡＶユーザーは、女の子同士のキス場面が大好物。唾液がツゥーっと糸を引く、ねっとりした接吻を撮るときに便利です。演じる女優も唾交換が苦手な子が多いため、本物よりローションの方が楽で助かります。

しかし何といってもアダルト現場で一番頼りにされているのは〝仕込みローション〟、略して「シコロー」と呼ばれるもの。これは絡み前に膣内へ「仕込んでおく」ローションで、挿入のときに擦れて痛くないようにとペニスや膣入口につける外からのケアと違い、内側からの摩擦対策です。

私がデビューしたアリスJAPANの看板シリーズに『出会って4秒で合体』がありますが、その名の通り〝即ハメ〟が売り。ソファの後ろに隠れていた全裸の男優がインタビューに現れて、戸惑う女優といきなりセックスが始まるのが定番です。他にも前戯やムードすらない絡みなら、「薬を盛られて昏睡している間にヤラレちゃう」と女優が目も開けず微動だにできなかったり、「壁の穴にハマって抜けない」なんて喜劇すぎるシチュエーションだったり、「時間が止まる」というその両方の要素を兼ね備えているストーリーもある。とても女性側が濡れる状況ではないと、おわかりいただけますよね?

一番味気ないのが、制作メーカーによって「先にパッケージ裏面用スチールを撮るので、まずは正常位からお願いします」と写真のために抜き差しをする場合。最中だといいアングルが撮れないからという事情は理解できても、業務的すぎて全然興奮しません。エロいことをしてるのにまったくエロい気になれないほど現場がお仕事的雰囲気に溢れてると、愛液はちっとも溢れてこない。

本編中でも緊張して濡れないときがあります。私はアイデアポケット専属時代に『はちきれんばかりの爆乳でウブな生徒をたぶらかす美人女教師のわいせつ課外授業』で初めて痴女作品に出演しましたが、生徒をロッカールームで筆下ろしするシーン中、アドリブの淫語や誘惑する演技を上手くやろうと思いつめすぎて自分自身のアソコの準備がまったくできておらず、肝心の挿入が一向にできなかったんです。相手の新人男優さんがズル剝け巨根だったのも要因だろうけれど、それまで感じやすく濡れやすい「ローションいらず」だったので、焦った焦った。

結局その場面でカットしてもらい、一度ゆっくり正常位でデカチンを奥まで招き、私のナカを充分に慣らしてから騎乗位で撮りなおしました。こういう「馴染ませるための試し挿れ」みたいに、カメラが回っていない時のエロ行為は共演男優さんも興奮して喜んでくれるし、こちらもリラックスできて、結果的に撮影がうまくいきやすいんです。ただ、「男優とのプレイはカメラの前でしかしたくない」と嫌がる女優のプライドや女心もわかります。そこで、濡れてなくても挿れられるシコローの登場です。

シコローは疑似ザーメンと同じく、シリンジを使って秘部に注入するもの。ただしギジザーと混乱しがちだし、また複数の女優が出演する際に衛生面を考慮して使い回しができないので、市販の『ウェットトラストプロ』を使用することが多いでしょう。この商品のうたい文句は「彼にバレない潤滑ゼリー」ですが、男性客を喜ばせなくてはいけないセックスワーカーの強い味方らしく、ヘルス嬢の経験を描いたレポ漫画『リアル風俗嬢日記～彼氏の命令でヘルス始めました～』（Ω子著）では「ウエトラさん」という愛称で親しまれています。

友人の女優には「もう仕事セックスに慣れすぎて、マンコが砂漠状態だわ（笑）」と嘆く子も何人かいて、彼女たちは股間のオアシスであるシコローを休日も常に持ち歩いてるとか。女子の潤いケアは、髪や肌だけじゃないんだなー。

第4章 AV業界の裏事情

撮影以外にやることも多い

いまどきのAV女優は、AVに出るだけが仕事じゃない。雑誌やテレビやイベントに出演したりするだけでなく、SNSや配信も課してしまえば、芸名でいる時間はいくらでも長くできる。どうしてそんなことをするかというと、数多い女優のなかで注目してもらうためには自らのタレント性を高めなくてはいけないから。自分自身もイベント出演や各SNS、雑誌の連載などいろいろなことをやってきました。ただ、私の場合は女優の仕事だけだと「飽きてしまう」と感じていたからでもあるんですが。

アダルト業界では「パブ」と呼ばれるPR媒体の公開具合が広がるにつれ、事務所も仕事を振ったり売り込みがしやすくなります。無料ダウンロードなどの影響で昔ほど売り上げが見込めない今こそ女優個々の人気に頼りたいわけで、販売イベントを快く受けてくれ、フォロワーの多いSNSで宣伝もしてくれ、雑誌に載っていてテレビにも出演した話題性の高い子にオファーが集中しがちです。条件のいい仕事をもらうためにも、第1章でも書いたように事務所としてはまず女優にパブを開かせなくてはなりません。

せっかくAVが売れても「メディア取材NG」なんて贅沢な拒否だけでなく、「イベント出演NG」「SNSはしていないし、ほかの人のSNSにパッケージ以外の写真が載るのもNG」などパブを制限しすぎると、店舗やメーカー側すら宣伝しにくい状況になってしまいます。

実は、私も当初はパブを閉じていてそんな状況でした。デビューした2014年11月14日は『ジャパンアダルトエキスポ』の初開催。あわせて宣伝できればチャンスだっただけに不参加はもったいなかったかもしれませんが、以前に働いていた新聞社までがプレスとして参加する場所は新人女優にとってリスクが高すぎました。メーカーもプロダクションも私の意思を尊重し、守ってくれていると感謝したものです。

ところが身元バレの週刊誌記事が出て、事態が一転。メーカー側に「もうバレたんだし自分の口から記者時代の話をする取材に対応してほしい。それがないと今後メディア展開できない」と言われ、『週刊大衆』と『サイゾー』のインタビューをアリスＪＡＰＡＮ本社で受けることになりました。内容はＡＶ女優だけに「プロ野球担当のころに選手とヤッた話」とか、下世話系。専属契約を更新してもらいたい立場として、事務所も当然のように「今後のためにやらなきゃ」を繰り返すだけでした。私が折れさえすれば、誰もがwin-winな状況になっていた。

もちろん、そんな暴露取材でありながらすべてノーギャラです。ここでも専属は固定給だと言われ……。じゃあ、せめて撮影が１本終わらないと請求できないシステムをやめて、毎月決まった日にギャラくれよと今でも思う。撮影以外はすべてオマケになってしまうから、当時の事務所での単体女優システムでは、パブを開くメリットがあまり感じられなかったんですよね。単体女優が多いプロダクションは、たとえメーカーから謝礼が出ずともイベントや取材ごとに事務所から報酬を渡すなどして、その辺の損得勘定ケアを上手くやっているんだろうと思います。

ただ、この強制取材がきっかけで「青森から出てきた経験人数３人のウブなＯＬ」という真実とはほど遠い設定を捨てることができたのはよかった。バレることを恐れず面倒な嘘もつかず、とうとう自分らしくいられるようになれた。そうなっていなければ、女優活動自体がつまらなく感じていたでしょう。それに設定ではない私が認めてもらえたのは、素直にうれしかったです。

なぜかアイドルグループに加入

ところがパブを開いた途端に事務所からやたらゴリ押しされたのは、どういうわけかアイドル活動。事務所内の面接室に飾られたポスターは、AV女優であろう7人ほどの女の子たちがAV女優らしからぬ露出度の低いアイドル風制服を身にまといポーズを取っている。アリスJAPAN専属で私より1年先にデビューした女の子は、アイドルにあこがれているから専属女優グループ『アリスた〜ず』のある同メーカーに決めたのに、その活動が休止してしまったためこちらに参加させた、と自慢そうにマネージャーから説明を受けました。

そのグループ名は「AV女優」を一般メディア用に聞こえよく言いかえた「セクシー女優」から取った『SEXY-J』で、最初はプロデューサー自ら「AVファンには40代男性が多いから、昭和のアイドルヒットソングをAV女優に歌わせる」を企画に掲げていたのに、許可が下りた音源ならと年代範囲はどんどん広がり、最終的には渡り廊下走り隊の『青春のフラッグ』（2010年）もカバーしたりとブレブレ。知れば知るほど、興味は薄れていくばかりでした。そもそも、なぜAV女優が普通のアイドルソングを歌うのか。初代恵比寿マスカッツみたいに「私のマンゴー」とか「あなたのバナナ」とかエロい比喩表現もなければ、オリジナル曲でもない。ただ愛らしい衣装を着せて原曲より劣る歌唱力で歌って踊らせるだけのコンセプトに、「運営アホなん?」と思ったのが正直な感想です。

とはいえ、初代マスカッツ後はAV女優でアイドルグループを組む流行がやみませんでした。冷静に考えればマスカッツの成功はテレビ東京の冠番組あってのもので、ただ人気女優を集めてライブをしても上手くいくわけじゃないのは誰の目にも明らか。私の江戸川がコナンするに、ほとんどのセクシーアイドルグループは〝元々アイドル活動にあこがれていた女優のモチベーションを上げるためだけに存在している〟という印象でした。運営はチェキ代やチケット代が入ったところで、スタッフの賃金や衣装製作、会場のレンタルでもう大赤字でしょう。その証拠に多くのグループはアリスた〜ずと同じく事実上の活動休止に陥り、時代が変わったとはいえ初代恵比寿マスカッツ以上に話題のセクシーアイドルは、新生恵比寿マスカッツを含め生まれていません。どれも二番煎じにすらならなかった。

ただし芸能活動にあこがれてAVに出る女性は、パブを開かせやすいという意味でも業界にとって大事な人材です。AVの宣伝だけじゃ対男子アピールにしかならず、女の子に「私もあんなふうになりたい」と思わせるには魅力が足りない。アイドルのような直接的にエロくないタレント活動が有効になります。そういった必要性もわかっているし、マネージャーから得意げに「こんな仕事もできるんだよ」と言われたら失礼にならないよう「へー」とだけ応えて、心のなかでは「やりたい人だけがやればいい」と気にしていませんでした。そう、自分が「やりたい人」として勝手にカウントされてるとも知らずに……。

そもそも、女子がみんなアイドルになりたいと願っているわけじゃないのに「こういうことやれてうれしいでしょ」という押しつけがうっとうしいのなんの。私はもっとAV現場を数多く経験したかったんです。男優さんのテクニックや、性病防止や避妊の方法とか、撮影の細かいルールとか、実際にその場にいて体験しないと知れないことを知るために女優になった。歌って踊るって、別にアダルト業界じゃなくてもできるやん！　何年か女優業を経験して新しい活動を開始したいならともかく、まだ新人女優の私にはAV現場への興味しかなく、むしろ「アイドルグループに入って、知名度が上がって、出演AVが売れるならもっと作品オファーが来るだろうしやりますけど」という上から目線とも言える気持ちでメンバーになりました。断るという選択肢が用意されてなかったため、少しでも活動を前向きに捉えようと考えた結果がそれしかなかったんです。制作チームからすれば死ぬほど可愛くなかったはず。だって、彼らにしたら「セックスしかできないAV女優に歌わせてやってんのに」という気分でしょう。

せっかく加入したものの、私はレコーディングに参加するころには念願の企画単体として撮影だけで多忙な日々を送り始め、ライブの前日にソロの振り付け動画を送られたうえに、その日も夜中まで撮影中という状況に「こんなことやってられるか！　本業はセックスじゃあ!!」となり辞めさせてもらいました。事務所も私のAV出演オファーが引く手あまただったことで、アイドル活動より撮影の方がお金になるからとアッサリ受け入れてくれた。ただ、辞めるまでにCDを売る事務所イベントを開催したり、SEXY-JのスポンサーAVメーカーの作品に出演しなくてはいけないなどさまざまな条件がついてきましたが……。

ちなみにSEXY-Jは3年で解散しました。

AV女優にとってSNSとは何か

女優のパブを開くにあたり、第一関門はSNSです。プロダクションからすれば、まずはSNSで早くファンを獲得して人気をメーカーにアピールできる数字を作ってもらいたい。DVDが売れた本数はメーカーや店舗が握る情報で、ランキングもFANZAならDMM傘下などメーカー系列であれば操作可能。またSNSを通じてファンと接することで女優自身が活動を楽しんだり、タレントとしての意識とモチベーションが上がる可能性だってあります。まぁ落ち込ませる原因にもなりますが、それを乗り越える強さを持った才能を見つける機会でもある。

今はブログを書く女優人口も減ってしまいましたが、2014年冬当時はブログから始めさせるスタイルが主流でした。ツイッターだとコメントを取捨選択できないため「知り合いに見つかって絡まれたらどうしよう」という怖さがある。それに対してブログなら事務所もコメント管理しやすく後から編集もできるため、バレを恐れる女優にはブログ開設を勧めます。実際のところは会員でなくともコメントを送れるセキュリティ設定のブログが一番、ひやかしや昔の知り合いをおびき寄せやすいんですが……。ツイッターは面倒な作業を介するものの報告すれば悪質なリプライを消すこともできますし、NGワードやコメントブロックを使いこなせばインスタグラムが最も少ないストレスでクソリプ回避可能です。

インスタは写真メインで投稿の文章まではあまり見られない、ツイッターは短文と画像の組み合わせ、ブログは載せられる量が多い分だけ表現の幅が広がるなど、それぞれの特性を理解して自分のPRに必要なツールを選んで増やしていけばいい。セクシーすぎる写真は閲覧制限や削除対象がかかりやすかったり、同じ程度の露出度でもフォロワーが多いほど目につきやすく厳しく対応されたりと、やっているうちに徐々に慣れていきます。

ビジネスにおけるSNSの影響力は大きく、重要ツールのため、女優が仕事と真剣に向き合っていれば自然と使い方を覚えるもの。しかしそれは本人だけで、十分に理解しているマネージャーは皆無です。そのくせ投稿内容に対して口を出してくる……。こちらは無給でエネルギーを費やしているため、すべての事柄に対して所属プロダクションに頼ったり感謝する必要がなくなっていきます。まったく知らなかった業界のなかで自ら情報収集でき、まわりが見えて自立精神が養われていく点は、女優側がSNSをあつかうメリットです。

クリエイティブな人にとっては、事務所の「適当に投稿しときゃいいから」という適当オブ適当な背中の押し方もイラッときます。ハードルを下げるために言っているとはいえ、つまらない投稿をして後悔するのは当人なので無責任です。各SNSに対する知識もなければ的確なアドバイスができないなら、余計に！

デビュー当初、私もマネージャーに「食事の写真をアップして『今日はコレ食べました〜♥』とかで構わないんだよ」と言われて「えっ、超つまんない。そんな薄っぺらい内容なら絶対やりたくないです」と答えてしまいました。元新聞記者だとバレた後だったので、なおさら

「私は書いて発信することに真面目に取り組まなくてはいけないでしょ。何言ってんの？」と思い、呆れちゃって。マネージャーは古株になるほど発言権はあるものの、仕事は完全にテンプレで動きます。長い勤労年月のなかで女の子が代わる代わる入っては辞めていくため、一人ひとりの個性に合わせるのを忘れてしまうんです。過去の実績に頼るあまり業界内の新しい流れに順応するまで時間がかかり、SNSに慣れるなんてほぼ期待できない。そんな人間が担当になってくれたおかげで、新人かつ元来ノーと言えない性格だった私でも、初めて反抗できました。

女優人気にあやかる仕事は、クライアントが事前にSNSをチェックして、フォロワーや更新の頻度・積極性を確認していることも多い。マネージャーの売り込み営業よりもはるかに効果が高いので、SNSを上手くあつかえばビジネス面でかなりのプラス。なによりそれは自分ひとりでがんばれる、事務所にドヤ顔されずにすむ成果ゆえ、大きな自信に育ちます。

ブログ人気からコラム複数連載へ

SNSのなかで最も手間がかかるのはブログですが、なんとか毎日更新しようと努めました。最初は専属だしブログ以外のSNSをしていなかったため時間的負担は少なかったけれど、翌年ツイッターを始め、後に企画単体になって、インスタも始めたりとやることが一気に増えると、もう大変で仕方ありませんでした。それでも続けられたのは、ライブドアブログのAV女優カテゴリランキングで早期から上位に食い込むようになり、引退の2年前からは首位を連日死守していたから。たまたまなにかでバズってネットの検索結果からアクセス1位になる女優がいても、またすぐ取り戻せるだけの更新率と充実度で競えたのです。

数え切れないほど多くの女優がいるなかで一番を獲れること、そして不安定な業界のなかで安定を保てたのは誇りになりました。さらに、ブログを面白いと感じてくれた編集者の方々が執筆オファーをくださり、新聞社員のころから夢だったコラムの仕事が次々と舞い込んできた。ゲスト寄稿も連載も、ゴーストライターいらずかつ笑い優先でぶっちゃけたことを書き綴る私は重宝してもらえたようです。小説などの創作は読む方がいいけれど、自分の経験や取材を材料に料理するエッセイは最高に楽しめた。ほかの子にとってのあこがれだったであろう歌と踊りが私にとっては文筆であり、毎回とても感謝して依頼を受けていました。

しかし、深夜までの撮影が週に複数回あり毎日SNSもアップしていく中に執筆業も加わり、疲労はピークに達しました。定期連載に関しては原稿を毎週送るのが大変とはいえ文字数はそれほどではありません。たとえば『デイリースポーツ』紙は820字程度でオッケーなためオチがつけやすく、当時はAV現場報告レポート的なもの、引退後も官能小説を書いています。対して最も苦しかったのは月刊誌『週刊大衆ヴィーナス』の2ページ丸々コラム。現役AV女優の雑誌記事って写真ばかり大きくて文字は少ないイメージだったのに、前半&後半構成の2100字＋近況報告400字＝2500字。現在の隔月ネット連載2本がそれくらいの分量とはいえ、紙媒体は締め切りの融通もきかないし、激しいAV撮影が月10本以上あった当時は過酷でした。『月刊実話ドキュメント』でも毎月担当させていただいた時期があり、ありがたいことに私の連載が終了になったのは両誌ともに媒体の休刊によるものでしたが、実のところ少しホッとしちゃってました。望んでいた仕事だけに、自分から「もう無理」とは決して言いたくありません。たしかに充実はしていても、もはや予定表が満たされすぎていろいろ溢れ出しそうでした。

過酷労働で限界を感じる

こちらのタイミングに関係なく新しい案件が届くうえ、その瞬間に掴まなくては二度とチャンスはない。ＡＶ撮影で求められる内容は経験値が高くなるにつれハードになっていく。どの仕事も逃したくないしフル稼働で立ち向かいたかった私は、「このキャリアを太く短く生きよう」と決めました。女優がベテランと認定される3年が経つ前に「近いうちに辞めます」と当時のプロダクション社長へ直接伝えることに。

事務所からすればＡＶのギャラが一番高いので、まずは予想通り「ほかの仕事を休んではどうだろう」と撮影への集中を促されました。「ＡＶ以外のことを休むなら、ＡＶごと辞めます」と答えたら「引退じゃなくてお休みにしたら」と再開できるよう休業を提案。しかし、私は

現役時代に連載していた雑誌コラム。400字詰め原稿用紙約5枚分の本文と1枚分の近況報告も、専属の頃はノーギャラでした。毎月書くのは、ネタ探しも執筆自体も大変なのに！

こちらもお断りしました。ＡＶ女優が乱立する時代でただアダルトビデオに出ることだけにやりがいを感じるのは難しいし、復帰後は確実に勢いが落ちてしまう。サボりながらじゃなく全力でがんばりたかったからこそ、私は「終わりが見えていれば走り切れる」としつこく主張し続けました。

これは特にキカタンに言えることなのですが、専属契約なしに青天井で撮影できるということは逆に撮影が少ないと意味がないので、総じてワーカホリックになりがち。新人でなくなれば注目される要素はＡＶ作品のみならず、メディア露出などほかの媒体やＳＮＳでとにかく目立つことしかない。体力も時間も休む余力がなくなっていくのは当然でした。

新聞記者のころも毎月風邪をひいていたのですが、企画単体のＡＶ女優になってからはさらに頻度があがり隔週、15本以上の終日撮影があった月には毎週のように体調を崩してました。性産業の女子にはメンヘラが多いといわれますが、私はそれにはあてはまりません。だから精神は保てていたけれど、もはや体力がそれに張り合えない段階まで来ていたのでしょう。

元々スタミナには自信があるものの免疫力は高くなく、独り好きの性格上、人といるときの気疲れも半端ないんです。ゆっくり自分だけの時間をすごして、たっぷり寝れば回復するけど、そんな日はなかなかとれなくって……。デビュー時に目指していた「合計１００人の男性経験」計画もアッサリ更新した当時の私に「これをしないと辞められない」目標は皆無。新しいワクワクを抱けることを始めよう。好きなだけ寝よう。自分の心と身体の健康のために、迷わず引退を決めました。

しかし事務所社長に何度「もう引退したい」と言っても「あと3年頑張ろう」とはぐらかされるどころか延長させられそうに。そもそも同事務所の前社長にはデビュー時に「とりあえず3年続けなさい」と命令されていて、もはや「このプロダクションとは話にならないし、ここで『今までおつかれさまでした』とか言われても全然嬉しくないな」と判断しました。

3年は無理だけど、残り1年やり切るとして、他でお世話になるのはどうだろう。違う事務所を経験して比較するのもいいネタになるし——と現金な考えもあり、移籍&引退を決意。どうやって移籍先を選んだかについては、第1章に書いた通りです。

稼げるけれど危険も多い撮影会

AV女優がVTR撮影以外で受ける仕事のひとつに「撮影会」があります。これは、専用のフォトスタジオで、1枠45分制で10枠、写真撮影のモデルを行うお仕事。顔出しNGアマチュアモデルが多い中で現役AV女優は宣伝効果があるのでオファーは多いですし、値段も素人女性より高く設定されるため、メディア出演やAVメーカーのイベントより時給が遥かにいい。個人撮影会で全枠埋まれば平均して8万円程度が手に入ります。撮影スタイルは〝団体撮影〟と〝個人撮影〟があり、前者は数十人のカメラマンに囲まれて目線を順番に送っていくもので、後者は2人きりゆえトークやサイン書きなど、撮影以外の時間が多い場合も。

私自身は単体時代にメーカー移籍で次の作品のリリースが開くまでの間、一度だけ水着までの個人撮影会をしたことがありますが、以降は個撮をいっさい行っていません。団体撮影も番組の公開収録やイベントの一環としてのみだけで、撮影会オンリーの仕事は受けませんでした。日本のＡＶが人気の台湾でも撮影会は流行っていますが、エキスポ出演やメディア取材とあわせて開催したのみ。積極的にやらなかった理由は、参加人数の上限が少ないうえに個人撮影の場合は複数スロットを押さえる人もいて、一日で10人も会えず「知名度を上げる」という面でのＰＲ効果が薄いからです。

それならＡＶメーカーの店舗イベントのように各回50人に来てもらえるチャンスがあって、店舗内でポスターやポップで宣伝してもらえる方が多くの人の目につく。また客とのトラブル対処に関しても、メーカーや店舗のスタッフさんが側にいるため、なにか問題が起きてもすぐに対処してもらえます。ほとんどのイベントでは肩だろうと腰だろうと客側のボディタッチ禁止が徹底されているため（女優サイドからの接触のみ）、たとえ自然を装って触れようとしても止めてくれる。たまにスタッフの死角を利用して背中など裏側に触れてくる悪質な輩もいますが、監視役の存在がいるだけで抑止力があります。

一方で個人撮影会は小さい部屋でカメラマンと2人きりになるため、ポージング指定と称してさわってこようとする人も多いらしく、恐怖感と隣り合わせ。さらに「二次転用は禁止」というルールがあるにもかかわらず、たとえば有名声優さんが養成所時代にアルバイトで水着で撮影会モデルをしていた写真がネット上で拡散されていたり、正直信用できたものじゃありません。ＡＶ嬢であればヘアヌードまでならダメージがないとはいえ、もしも〝モザイクの向こう側〟まで撮られてしまったら商売あがったり。

しかもＡＶ女優が撮影会モデルとしてお馴染みになれば、単体のころは衣装が水着までで も、キカタンになると必然的にトップレスやヌードへと激しい露出が求められる傾向にあり、最終的にはフルヌードが当たり前になってしまいます。同じ女優が同じ露出度で同じギャラのまま撮影会モデルを続けることは厳しい。反対に店舗イベントならトップレス以上の露出は法律に反するため、絶対にあり得ません。よってヌード撮影会を頻繁に行う女優は、私服や水着など着衣イベントでの集客が下がる傾向にあるようです。ＡＶ女優として市場で必要とされる時間を優先するのであれば、正直おすすめできません。

加えて、ヌードの場合は局部の接写ばかりされて「別に『私じゃなくていいじゃん』ってメンタルやられる」とよく聞きます。当日や前日キャンセルが出て撮影枠が埋まらないと落ち込んでしまうなど、精神衛生的にはきつい環境という印象です。それでも半日で５〜10万円のギャラが手に入るため、ＡＶ出演しつつ風俗出勤も考えているくらいなら、セックスをせずに割ともらえて体力面を温存できる、ちょうどいいお小遣い稼ぎといえるかもしれません。

パパ活＝愛人契約も流行中

近年ＡＶ女優界で流行しているのが、愛人契約。業界内では交際クラブとか、女優はもっぱら〝パパ活〟と呼んでいます。世間でパパ活と言うと「性行為はない」ものも含め、広い意味合いの定義ですが、ただ食事デートするだけの案件が「ＡＶ女優」に回ってくるはずがない。その女優の熱狂的ファンならまだしも、相手が年齢や金額の条件だけを指定し「後はプロフィールと加工なし写真や動画を見て決めたい」というオーディション形式のオファーが多いみたいです。そしてヤルことヤったら売春なので、もちろんのこと違法。しかしすでに撮影で顔も知らない男優とセックスする本業の特性上、その仕事内容に抵抗がない女優は多く、時給で換算すれば最も割がいい業務であることから、需要がある限り供給は途絶えません。

「私はしたことないのが誇りだから！　今の旦那も『AVやってた過去はいいけど、パパ活は駄目』って言うし」と自慢げに語っていた元女優も、結局ブランド物好きがたたってか小遣い稼ぎに始めていました。当人は隠したくても、業界は狭いし口の軽い人たちが多いから、パパ活をやっていることはすぐ広まっちゃう。というより各女優の値段がリスト化されているため、当然のように情報が共有されております。ホストへのツケ返しに1回だけ安い報酬で動いた女優の記録もきっちり残っていて、その後は足元を見られてしまったなんてことも。

値段はクライアントによって変動はあるものの、企画女優でもいいパパが見つけられれば2時間で20万円なんてことがあるようです。顧客には金持ちビジネスマンが多いから会う頻度も時間も少なくていいのがメリットで、デメリットは仕事に忙しい相手のリスケに振りまわされがちなことと、契約が月給制ではなく単発ばかりで安定した収入にはならないこと。生活用というよりは贅沢用のお金というところでしょうか。

2016年9月にレジェンド女優が〝7年間で2億4500万円の所得隠し〟を指摘された際の内訳は、女優としての出演料などの報酬は4500万円。残りの2億は大阪の医師、FX株取引会社社長、香港の不動産業者、NPO法人主宰者の4人から5000万円ずつ受けとったものでした。後者を「結婚の約束を反故にされた慰謝料だ」と主張して粘ったようですが、「パトロンからのお手当だろう。収入だ」と国税局にバッサリ切られてしまった。しかし男性とのおつきあいで年収2800万円（しかも税金払わず）はすごいですね。サービス業として相当プロフェッショナルなんじゃ？

ちなみにパパからもらうお金は「相手が見返りを求めない単純な小遣い」であれば贈与税、「デートやセックスの御礼」と対価報酬であれば雑所得、そのお金が女優の生計を立てるメインのお金なら事業所得と、状況次第で変わります。とはいえ、そもそも確定申告すらしないAV女優が多いなかで、そんなに細かく管理してパパ活してる子いるんだろうか……。事業内容に違法性があるだけに、税理士さんにも相談しにくいし。

そうそう、YouTube企画で弁護士の先生にうかがったところ、パパ活は性の売買があっても成人同士のやり取りなら倫理観に反しているだけで、警察が睨む逮捕案件ではありません。問題は間に業者が入った売春斡旋。定期的にパパ活している女優は、最初はスカウトマンなどの紹介からで、その後はパパと直接のやりとり、そしてパパにほかの女優を紹介して手数料を取ることもあるようです。個人間ならともかく、紹介料を手に入れる売淫ビジネスは完全にアウトになってしまいます。

ちなみに私自身はパパ活をしないし、あまり関わりたくないのですが、元記者スピリットから「どんな仕組みで行われているんだ」と気になっていたため「海外案件を通訳してほしい」という頼みを受けたことがあります。

それは香港の富豪が、インドネシアのお得意様3人を日本で接待するのに3人の女性を準備するというケース。選ばれた女子はまず男性陣とホテルのバーラウンジで合コンのように食事やお酒を楽しみ、各男性が気に入った子を部屋に誘い、2時間程度で終わって帰れる。そのバーでのトーク時間に日英通訳として入って場を和ませてほしいとの依頼でした。

ちなみに女性陣のギャラはMAX3時間で25万円前払い。つまり仲介業者に中抜きされた分を加えて、クライアントは1人の女性を雇うのに40万円近く支払っている状況でした。私は一般のアテンド通訳業に1万円程度を上乗せしたギャラだったけれど、前日や当日キャンセルまた日程変更が続き、最終的に1日で4日分くらい手に入れたっけ。スケジュールを何度も変えられて迷惑なうえ、元女優とバレて質問攻めにされたので、あんな面倒なことは二度と御免ですが……。

いろいろと業種とギャラの比較をしてきましたが、私は現役のころも元AV女優になった今も、お金を一番のモチベーションにせず仕事を選んできたのが楽しく働けている理由かと思います。この業界を見てきて感じたのは、お金を求め過ぎると「やりたくないこと」「他人に言えないこと」ばかりが仕事になってゆく印象です。AVでさえ言いにくいのに……。

今やAV女優は、「とにかくお金が必要だから」でやるものじゃありません。

第5章

AV女優のプライベート

気をつけていたのは、まず体のメンテナンス

ここまで「AV女優という仕事」についていろいろ書いてきましたが、本章ではAV女優のプライベートについても少し触れてみたいと思います。

現役時代、私が日常生活で心がけていたのはまず保湿。シャワーが多いので肌が乾燥しないようボディクリームやオイルは欠かせません。敏感肌なため、現場にも私物のケアセットを持参していました。全身にくまなく塗るのはもちろんですが、特に見られるしさわられるKカップの胸は、パイズリなどで頻繁に使わなくてはいけないこともあり、しっかりお手入れしようとバストサロンに通い始めました。

剛毛や剃って生えたてのチン毛に擦れると、薄皮おっぱいが痛いのなんの。乳を上下に摩擦する動作で三角筋も疲れるし、パイズリ行為はかなりダメージを負います。また常に新しい技を編み出したい私はいろいろな角度からチンをパイで包んだり、亀頭で乳首を潰れるほど差したり、なぜかブリッジしながらパイズリしてみたりと、プレイが完全に生き急いでましたね……。

私本人が胸を酷使しないようアクションを抑えても、痴漢作品で「助けて！」と叫ぼうとしたら自分の乳房で口を塞がれたりと、男優さんからのあつかわれ方もめちゃくちゃ雑。「胸がデカいと感度が悪い」という都市伝説のせいか、全然いたわってもらえないんです。野獣と呼ばれる男優さんには、正常位で挿入されながら、タオルがわりに私の乳で男優さんの頭の汗を拭かれたことすらあり、あのまま現役を無理に続けていたらオッパイ死亡してましたよね、脂

肪だけに。

また胸に限らず、ＡＶではマニア向けに接写やパーツ撮りも多いので、どこか一部分が荒れて赤くなったりするだけで気になるため、エステにも通わざるを得ませんでした。美容関係の出費は増えるけど、裸を見せる女優としてメンテナンスは必要不可欠です。

余談ですが、女性向けのＡＶは〝局部どアップ〟を映しません。男性と違って、女子はパーツ単体にあまり視覚的興奮を覚えない。「指フェチ」「声フェチ」「手の血管フェチ」などと言っていても、それだけで性的興奮はしないのです。

ＡＶデビューすると日常的にＳＮＳで見知らぬアカウントから男性器の画像だけ送りつけられるようになりますが、喜んでいる女優は１人もいません。身体の一部分だけを見せている時点で、女性へのアピール方法がそもそも間違っている。ただ、逆を言えば男性がボディパーツだけで興奮するおかげで、顔バレしたくない女性にはうれしい「マスク着用ＡＶ」なんかも成立するんだから皮肉なものです。

ＡＶ女優の恋愛事情

女子の会話って、やっぱり恋バナで一番盛りあがりますよね。ＡＶに出ている女の子たちも同じです。違いといえば、話し手も聞き手も下ネタに慣れてる分だけあって、夜の事情を詳しくシェアすることが多いくらいかな。業界人は女優・男優に限らずスタッフも含め、恋人かセフレかその両方がいたり、既婚だったりとパートナーがいない方がめずらしいので、恋愛依存性が高い傾向はあるかも……。体力削る仕事をしてるのに積極的に遊びへ繰りだせるのは、根本的に人恋しい性格なのかなと思います。

女優に都内出身者がほとんどいないことは前述しましたが、ペットを飼い始める子の数もすさまじい。月に1本しか撮らない専属女優だけでなく、撮影で忙しい売れっ子キカタンすら例に漏れません。私はどんなに可愛い動物でも自身が飼うと考えたら、「毎日デフォルトで家にいられちゃ息苦しい」「お世話するの大変そう」「命を預かるとか責任重大」とネガティブな印象しか出てこない。こんな自分ゆえ同棲経験もゼロですが、まわりは同棲なう・わずばっかりです。地元が離れているせいなのか、元来とても寂しがり屋なのか、彼女らは誰かと同じ時間や空間にいることをストレスより癒しに感じている。恋人や元恋人とのつきあいも長いことが多く、〝恋に向いている性質〟だなって思います。

そんな恋愛体質のAV女優たちは、誘いには困らないため、彼女たちの口から「出会いがない」「出会いが欲しい」という言葉はめったに聞きません。だけど男性側はヤリモクばかりだから浮気や不倫相手にされがち。恋愛話をしていると、お互いに「もっといい人が絶対いるよ」「そんな男じゃもったいないよ」と言いあうことがしょっちゅうです。なので「新しい出会いが欲しい」「ほかの人にも出会いたい」という言葉はよく聞きます。

彼氏がいて風俗やAVの仕事をするってどんな気分なんだろう、と不思議に思うのですが、やはり恋人に文句を言われることは多いらしく「いや、仕事だから」「でも、セックスじゃん」の無限ループだとか。たしかに男性側の嫌がる気持ちもわかるし、女優の「AVやってること知って近づいて来てるのに、いまさらなによ」という苛立ちにも納得。ただ彼女たちは口を揃えて「男優とはつきあいたくないわ」と言い切るので、立場が逆なら仕事だろうと恋人が他人とエロいことをするのは嫌なんだな……。

学生や社会人のころ周囲にいたのは「彼氏できない〜」とジタバタしていた女子ばかりだったのと比べて、AV女優は当然のようにセフレか彼氏かその両方がいて、モテモテな印象を受けます。性的魅力の高さもあるんでしょうが、尽くすタイプが多いので、お金または誠実さがなくても性欲だけはある男性がよく寄ってくる。需要と供給が上手くマッチングしているようです。

とはいえ彼氏や旦那の存在は、美容整形をしていても言わないのと同じで、わざわざ明かさないのが普通。いろいろとぶっちゃけるキャラでも彼氏の存在だけは隠す子が多く、これはもはや〝ファンに対する礼儀〟になってきています。

パートナーの嫉妬と束縛をどうするか

NTR（寝取られ）ジャンルが流行してから、プロフィール欄の「AVを始めたキッカケ」という項目に「寝取られ好きの彼氏命令で」という理由が増えました。しかしいわゆる「設定」ばかりで、実際にカメラのない場所やイベントの舞台裏などでそんな理由を聞いたことはありません。突如引退してしまったトップ熟女女優さんは夫公認でしたが、それはお金のためで「やっぱり撮影の日は嫉妬して機嫌が悪いから、夫婦仲が微妙になっちゃって……」と話してくれたときの悲しげな微笑が忘れられない。噂では新しい恋人が現れて離婚したと聞いたけど、辞める前はシャワールームにこもって撮影現場に出てこなかったりと、精神的に参っていたようです。

男優とつきあった経験がある女優の一人は、「ずっと喧嘩ばかりだった」と語っていました。AV制作では広いスタジオ内に同時進行で複数の撮影が行われていることがあり、お互いが別の女優や男優と絡みをしていると思うと心が乱れちゃうんだとか。ただ、同じ業界にいるだけあって、理解や共感は得られやすい。女優も男優も、一般人の恋人には「AVは仕事だから」と説明しても「けどヤルことヤッてんじゃん」と言い返されてしまうので……。男優兼スタッフさんは、チンコ役で出ても顔だけは出さないように注意し、奥さんや彼女には出演者であることを黙っているそう。

とある元女優のヘアメイクさんは現役男優と恋愛結婚したのですが、そんなコソコソ出演可能な業界の事情を知っているゆえ、売れっ子だった旦那さんは男優業を完全引退しADとして制作会社で新たに働き始めました。業界内カップルは、女優は引退しても男優とハメ撮り監督は仕事を続けることが多いなか、その男女平等さが最近のカップルらしいなと思います。

結婚して人生を共有しあう夫婦ならまだしも、お互い相手を縛らない関係なら働き方に意見するべきではない。しかし、それがキャバクラでもアイドルでも異性に媚びを売るような職業なら、恋人としていい気持ちがしないのもわかります。独り占めしたいけど尊重したいジレンマがあるのでしょう。

一般男性から不快なあつかいを受ける

AVに出たせいで、男性から受けやすい嫌な行動があります。飲み会など少しプライベートな場だと「会話がインタビューみたい」「気安くボディタッチされがち」だったり、よりプライベートなお布団のなかになると「マグロか変態ばかりに遭遇する」「当然のように中出しされる」だったり。

後半2つの方が衝撃的なワードだろうと思うので、先にご説明しましょう。AVには女性が積極的に攻める痴女ものが多く、更にユーザーが男優へ自己投影できるカメラ目線の主観作品が人気かつ、女優がフェラや騎乗位挿入などでリードする流れがお決まりです。よって一般男性には「AV女優はご奉仕してくれるもの」というイメージがこびりついています。また経験豊富であろう女性の高いスキルを味わいたいと、「すべてお任せします」と丸投げかつ総合格闘技試合の柔術家みたいにマウントより下のポジションを自ら取ろうとする。

デビュー前にお手合わせした男性50人は、誰一人こんな受け身じゃなかったのに？　AVに出演するということは、マグロ漁船に乗り込むことだと覚悟してください。私生活では、すざんまいのような解体ショーを開くことになるでしょう。これからってときにゴロンと横になられるたび、私は「AVなんか出なきゃよかった」とめずらしく後悔の念にかられます。普段はそんなこと全然思いもしないのにね……。

マグロ現象に加え、一般女性にドン引きされてしまうような性的願望を持つ男性が「AV女優なら受け入れてくれるはず」と欲望を包み隠さずぶつけてきますし、中にはマグロ×変態という最恐のハイブリッドも。

まだ現役だったころ、先輩女優に誘われた食事会（という名の合コンかな）で知り合った若手ＩＴ社長の男性は、方向が同じほかの女優と帰ろうとしていた私をひっぱってタクシーに乗せ、自分の家に向かう強引さとは正反対に、とんでもないマゾ願望を持った人でした。「こんな自分を今までつきあった相手に明かせなくて、果歩ちゃんなら言えるかなって」と、私の職業であれば理解してもらえると期待を寄せたよう。

これだけなら、「せっかく一晩一緒にすごすことになった縁だし、今夜は夢を叶えてあげよう」と優しい気持ちになれたのですが、行為中に気づきました。「この男、全然動かん――」。挙げ句の果てに彼は目を閉じてアルカイックスマイルを浮かべ、「果歩様。ご主人様。俺にしたいこと何でもしてくれて構いませんよ」と性奴隷ごっこを始める。え？　やりたいことなんてないんだけど……。誘った側が丸投げやめて⁉

それでもＡＶ女優・澁谷果歩としての誇りがあって、ベッド上の顧客満足度を高くすべく、期待に応えられるよう頑張りましたよ……。しかし「俺のアナルを開発して。初めてをあげる」とか面倒くさいことまで頼まれ疲れてしまい、そっとフェードアウト。

そもそも作品で見せるテクニックをプライベートでやってもらおうなんて贅沢を、飲み会で小１時間話した程度の立場で求めるのはおかしくありませんか。そんなワガママ、せめて恋人か愛人になってからでは？　マグロになるには、それにふさわしい資格が必要です。しかし、それでも任されっぱなしで心身共に疲れるだけのセックスを、貴重な休みを使ってまでしたいとは思わない。

AV女優はマグロと変態ばかり寄ってくるのに加えて、フィニッシュは中に出されがちと、救いようがないダメンズちんぽの観光名所。職業柄、生理日を調整できるピルを飲む子が多数というのもありますが、アダルトビデオでは中出しシーンが頻繁に起こるから「自分もやっていいだろう」と思わせてしまうようです。作品で見せる膣内射精のほとんどが擬似でも、本物のように演出しているから、実際に中出ししてると勘違いする人がほとんど。

愛情を持って接してくれるような関係ならともかく、セフレやワンナイトを狙う男性は女優をAVのなかと同じように手荒にあつかうので、決して期待しない方がいいでしょう。

それと私がすごく困ったのは、コンドームを「着けて？」と頼まれることでした。ゴム着け上手は風俗嬢であって、アダルト現場じゃ男優が自分でスピーディに着けるものなんですよ。なんなら私が絡み中にNG出したのって、コンドームを上手く着けられなかったときばかり……。ゴムを下ろすときの力加減は難しいし、痛かったり苦しくないかと不安になるので、正直やりたくない役目です。着けてほしいとお願いされてもかわいいと思うどころかダサいと感じるため、自分で自身をスルッと被せられる自立した人が好みだな。きっと私のタイプは、「AV女優」って肩書きにテンションが上がるような男性じゃないんでしょうね。残念です。

飲み会にはウンザリ！

いわゆる「ギャラ飲み」には行ったことないけど、本当に「ギャラ欲しいな」とか、むしろ

「お金あげるから時間返してほしいわ」と思うのは毎回です。そもそも私はAVの仕事とは関係なく、お酒の場が怖くて……。というのは、なにか失礼なことをされても「酔っ払ってたからさ」とアルコールのせいにしてヘラヘラと謝られる危険性がある。下戸の自分からしたら「じゃあ他人に迷惑かけないよう飲まなきゃいいのに」と思ってしまうので、つきあいでもなければ飲み会へは行きたくない。

さらにAV女優だと、インタビュー風の質問ラッシュやセクハラ寄りのボディタッチに遭うため、学生や新聞記者のころより嫌な思いをするチャンスに溢れているんです。「さわってもいい？」「さわらせて、お願い！」って、合意をとって胸を揉もうとする人もいてゾッとする。それも理由が「凄く大きい胸だから『どれくらい重いんだろう？　やわらかいんだろう？』っていう好奇心であって、やらしい意味じゃないから！」ってめちゃくちゃな言い訳されるんですが、君の気持ちは関係ないぞ？　問題なのはさわられる側が不快だと思うかどうかだからな？　とセクシャルハラスメントの誤認識を真面目に正したくなります。でもそんな発言をしたら飲み会全体の空気を壊してしまうのでその場は笑ってごまかし、帰宅してすぐに交換したLINEを消去するぐらい。

元か現役かは関係なく、アダルトビデオに出た女性は「ヤらせてってお願いすればヤらせてくれる」人種だと思われがちです。会話における質問もAVの仕事に関するトピックばかり。

引退して「そろそろ彼氏ができたらいいな」と口にしていた私のために、親しい女優が少人数の食事に誘ってくれたのですが、男2女2と合コン的な雰囲気に「育った環境とか趣味や休日の過ごし方を聞かれるのかしら?」と緊張しながら話し始めたら、男性陣がふる話題は、お酒が入るにつれAV撮影やセックスに関するものオンリー。40歳の建築家と医師は「3Pって楽しい?」「スパンキングって気持ちいいの?」って、その年齢になったら人それぞれ好みが違うってこともわかってるでしょうに。まぁ、20代前半のミュージカル俳優も50代のバンドマンも女性からキャーキャー言われる職柄のせいか「クンニなんてしたことない」と言ってたり、性行為における常識感覚は人によって違いが大きいけども。

AV女優にとって初対面のエッチトークはイベントや取材やらで経験し飽きていて、楽しいのは男性側だけなんです。男子からすれば、下ネタにも引かないし、むしろ面白く返してくれる女子との飲み会が新鮮かもしれないけれど、こちらにしてみればプライベートのはずなのに「これ仕事?」って白けちゃって、どんどん温度差は広がっていきます。そうとは気づかせないほど、我々がエロネタの提供や営業スマイルに慣れすぎているのもいけないのかな……。「どうしてAV女優になったの?」「いつからオッパイ大きいの?」なんて1ミリもオリジナリティのない質問だし、「デビュー時に答えたから、ググってくんないかな」とうんざりする。ええ、AV女優と飲んだらAVの裏話を聞きたいのはわかりますとも。でもプロとしては宣伝効果もないインタビューを受けたくない気持ちもわかってほしいし、なによりAVの話題でしか盛りあがれない男性とは恋愛する未来を描けません。「この人はAV女優の私に興味があるだけで、それ以外の私を知ろうとはしてくれないんだな」と傷ついちゃうもん。

さわって当たり前だと思われる

AV女優は「おさわりOK」とも思われがち。しかも腰や肩でなく胸や尻など性的なパーツ、普通の女性なら完全アウトな部分までもセーフだろうとさわってくる人が多い。いやむしろ大事な売り物だから気軽に手を触れないでおくれ……。

老舗AVメーカーのイベントの打ち上げで連れて行ってもらったお寿司屋さん。隠れ家的なロケーションで、ほかの女優さんたちを招待したこともある、馴染みの店のようでした。ひとしきりお寿司を握ってもらい食事も終わるころ、大将から「よければ最後に写真を撮ってもらっていいですか？」と声をかけられました。もちろんいいですとも、胸さえさわられなかったなら。

その大将、2ショット写真を撮る瞬間に、先程までネタを握っていた手でナチュラルに私の胸を揉んできたんです。「おっぱいメチャクチャ大きい〜」ってアピールするような感じのポージングで。おや、それは寿司じゃないよ？

バストに向かって指をさされるくらいならいいんですが、直接触れてこられたのには驚きました。急なショックに身体が固まってしまったんですが、そもそもクライアントが目の前にいる状況だから空気を悪くできず、怒りたくても怒れない。なにせ彼らがよくくる店なので、「もしかして、いつも女優をさわらせてるんじゃ……」とも疑ったんです。それくらい自然にわいせつ行為を冒してきましてて。

一緒にいた当時のマネージャーが、「あ、ちょっと胸は……」と申し訳なさそうに注意してくれましたが、その言い方も、遠慮がちな姿勢もなんだよって思いました。胸に限らず、どこだろうと無断でさわってほしくないし、私のかわりに激怒してもらいたかった。タレントはファンサービスしなきゃいけないからキレるなんて無理な話で、本人がファンやクライアントに嫌われないよう言いにくいことを伝えるのが現場マネージャーの務めです。

お寿司はおいしかったのに、その〝締め〟で最悪な気分になりました。接待されに行ったはずなのに、逆に私が接待したみたいでわけがわからず……。後日ちゃんとメーカーさんにもクレームを入れたところ、温泉ロケ中の地方まで営業部長さんが謝罪に来てくださいました。一番悪いのは寿司屋の親父さんだけど、おそらく「なんだ、さわっちゃダメだったんだ」としか思ってないでしょう。

実はそういうことって結構起こります。寿司屋の件は同席したマネージャーが注意してくれたり、後日メーカーさんが謝ってくれたからまだいいものの、まわりが目撃していながら何も言ってくれないどころか、笑ってごまかそうとセクハラ加害者をサポートする最低な場面もありました。

澁谷果歩として自分の胸は名刺がわりだと思っているので、タレントの立場で表に出るときは強調する服を着るようにしています。だからじっと見られたり、驚くリアクションをしてもらうのは構わないんですけど、「どうぞさわってください」という気持ちは決して持ち合わせていません。許可も得ずに女性の胸に触れるのは犯罪行為ゆえ、さわられることも考えてない。さわりたくなるという欲求は置いておいて、実際に行動に移したらあかんでしょう。

そういえば以前勤めていた新聞社も、昔は新入社員歓迎のボーリング大会にAV女優を呼んでいたらしいのですが、私たちの時代には「ストライクを決めた新人がノリで女優に抱きついた」せいで呼べなくなっていました。AV女優はおさわり自由だという認識の一般男性は、どこにでもいるようです。

恋人でもない男性にさわられているのは「アダルトビデオという映像のなかだけ」という事実はもちろんですが、無課金でさわるのもおかしいと思わないのでしょうか。「AV女優」という職業なのに、ボランティアでヤリマンやってると勘違いしてるみたい。

業界内LOVEはあるのか

それなら、一般男性じゃなくアダルト業界の男性となら不快な思いはしない？　実は、女優が同職種の男性陣と恋愛することは基本タブーです。だから真剣恋愛から結婚に発展するまでは、皆がコソコソとつきあい続けています。私もAD、ヘアメイク、男優、監督から個人的に会おうと現場でコッソリ連絡先を渡されたことがあります。

裸を見慣れたアダルト業界の人間といえども、そこは男と女。仕事で得る一時だけの恋愛感覚だけでなく、プライベートにまで発展する場合だってもちろんありえます。職場を通じてカップルが生まれるのは、どんな世界でもめずらしくないこと。さらにAVのように特殊で、普段はまわりに隠して生きるような職種なら余計に増えるでしょう。制作側がほぼ男性で出演側が女性だらけという比率もあって、監督やスタッフの奥さんの多くは元か現役女優という印象を受けます。

ユーザーも知るところでは、SODクリエイト社外取締役の溜池ゴロー監督と、元女優でアダルト業界健全化を図る一般社団法人表現者ネットワーク（AVAN《アヴァン》）代表の川奈まり子さんや、2009年『ウチの嫁さんはAV女優です。』という作品にマネージャーとして出会ったご主人と出演された大塚咲さん。男優×女優なら、しみけんさんが2007年に歩原らいとさんと、2008年に島袋浩さんと風間ゆみさん、同年にピエール剣さんと松本亜璃沙さん、沢井亮さんと浜崎りおさん、などなど。今挙げたなかで現在も夫婦関係にあるのは溜池さんと川奈さん1組だけですが、表に出ていないものを含めれば、業界内ゴールインは山のように存在しています。

AV業界内でのセクハラとは

一般企業ならセクハラ認定される下ネタトークも、アダルトビデオ制作では業務上必要な情報にあたります。面接用シートには「初体験の相手と場所」「オナニーする回数・やり方」「好き&嫌いなオモチャ」などが記載されているし、口頭で確認もされます。女優の性癖についての質問は、到底避けて通れません。じゃあ、AVの仕事でセクシャルハラスメントになるのは、どんな状況？

たとえばある古い銭湯で撮った作品の舞台裏では、男湯で本編を撮り、出演者が絡み前後のシャワーを浴びるのは女湯と使い分けていたのですが、女優は私一人のため風呂場を独占するのは忍びない。そこでほかの男優さんが入っている時に「私もシャワー借りますね」と一緒に入ったら興奮させてしまったらしく、「勃っちゃった。していい？」と生で挿入されました。みこすり半であっという間に発射してて、「すごいな、また出してる」と感心しちゃったのですが、冷静に考えたら「いや、撮影中だけどカメラ回ってないぞ。バレたら怒られるんじゃ……」と怖くなりました。すでにその男優さんと絡んでいたこともあって行為自体に麻痺していたこと、さらにまだ現場経験が浅かったせいで、そういうものかな、と思ってしまったんですよね。今だったら絶対にそんなことおかしいと言えるのに。

男優からのセクハラは問題ですが、ベテランだろうと有名であろうと女優には男優を共演NGにする権利があるので、まだまし。これがプロデューサーや監督になると、女優に仕事を与えられる立場ゆえ、パワハラ的側面もあって大問題です。

今はどんな作品も撮影前に内容を説明しなくてはいけない決まりがありますが、以前は「女優のリアルな反応が欲しい」「発売前の情報漏洩を避けるため」という理由で台本が用意されないことはめずらしくなかった。その弊害で、すべての撮影が終わった後に「もう1本フェラシーン撮るから」と監督に嘘をつかれてお手洗いへ連れて行かれ、射精するまで舐めさせられたという女優の話も聞いたことがあります。彼女いわく「もうほかのスタッフさんたちが帰ったのに変だなとは思ったけど、監督に言われたら『そうなのかな』って疑いにくいし、抵抗できなくて」。変だなと勘づいても、力関係を考えると言い出せないのです。

私も監督面接中、マネージャーが席を外している間に乳首に吸いつかれたことがあります。

作品のドラマシーンに使うピンのノーマル映像を撮り、その後に別日の絡み撮影に向けてミーティングをしようという話があって、英語教師役の私がホワイトボードの前で教鞭を執る姿をカメラに収めたら、「じゃあ打ち合わせ始めるからマネージャーさん呼んで来て」とADを探しに行かせている間に迫ってきたんです。衣装から私服に着替えていると突然「おっぱい見せて」と言われ「撮影に向けてカラダの確認かな……」と思って素直に脱いだら、チンポまで出してきたのでようやく「おぉ！　ろくでなし監督か」と気づきました。

ただ当時の私はプライベートで男性と出会う時間も機会もなくて、撮影じゃないセックスをしたいのにできないジレンマを抱えていました。なので「ラッキー♪」とポジティブに考えることができた。できた、というのは、撮影が控えているから監督との雰囲気を悪くすることは避けたいので、逃げることが怖かったんです。それに、顔や名前を出して活動していたAV監督ゆえ、彼好みの女優になりきればSNSやインタビューで私の名前を出してほめてくれるかもしれない。キャリアを考えれば乗っておいてもいいか、と思うようにしました。暴露するのは、こうして後からできますから。

ここまできたら本番当日も手を出されるという確信はあったけれど、すべてのシーンが終わってからに違いないと予想していました。だって、まがりなりにもディレクターなら、まずは作品づくりを優先させるはず。ところが、彼にとっては撮影前の方がタイミング的に都合よかったようで、当日、撮影現場のホテルのスイートルームでスタッフが来るまでの時間差を利用して事におよんできたのです。

ちょうど撮影の前日まで1週間ほど資格を取るため休みをもらっていて、全然アソコを使っていませんでした。そして今回の作品には絡みの相性がいい巨根男優さんが最初のシーンで出演するから、その人のために取っておこうと楽しみにしてたんです。「○○さんにこじ開けてもらうつもりだったのに……」と本当にショックだったな。なにより、撮影が始まる前に女優の体に負担をかけるなんて、監督自身が出演者のパフォーマンスを下げるリスクを考えない無責任さに呆れました。男としてでなく、監督として深く軽蔑した。冷静に考えればおかしな話ですが、当時の私は撮影の直前に挿入されたことに対して最も腹を立てていたんです。別に手を出されるのは構わないけど、マンを痛めるから作品撮り終わってからにしてほしいよね、と。怒るポイントがずれてるのは重々承知だけど、ここが私個人の許せない部分でした。

ただ面白かったのは、その監督のプレイが作風のまんまだったこと。「イキそう」と言ったら「イクな。俺が許可するまで駄目だ」と命令し、盛り上がってきたら「イケ、イケ、イケ」と呪文のように唱えてくるんです。撮影内容と言うこともやることも全部一緒なので、腹筋崩壊するほど爆笑しそうなのを抑えようと身体をピクピク余分に動かしてイク演技してました。そしてプロの女優としては「撮影と同じセックスさせるとか、仕事量2倍やん」と、タダ働きを嘆きました。こっちからすればプライベートなのにAVと内容が同じとか、ガッカリの極み。

彼との撮影はその1回きりで他に入りそうな予定はなく、なにより自分がよくてもほかの子が被害に遭ってはいけないので、タイミングを見て事務所にちゃんと報告しました。実は、これが当時そろそろ辞めたい、また移籍したいと思っていた私にとって有利に働いたんです。プロダクションに「所属女優を守れなかった」という負い目を感じさせることで、お別れ交渉をスムーズに導いてくれた。私にとってはそんな感謝すべきメリットを与えてもらえたけど、同じことをされて泣き寝入りする子がいちゃいけません。

権力者からのセクハラは要注意

相手が男優だろうとADだろうと監督だろうと、所属女優が手を出されるという事実は事務所の無能さを露呈することになります。恥をかかされたプロダクションは権威を取り戻そうと男性側に迷惑料を請求したりNGにしたり、かなり厳しい態度を取るそうです。

男優は9割以上がフリーランスだし、ADも監督も雇われ側なら立場が弱いので厳しい対応がとれますが、事務所が強気に出られない立場の人間もいます。それはAVメーカー社員。しかも女優を専属にする決定権があるような敏腕プロデューサーだとゴマをするしかないため、女性やゲイのマネージャーが「私が抱かれてこようかな」とか半ば本気で言い出す始末です。飲み会で若手イケメン男性マネージャーが点数かせぎのつもりでベテランの女性プロデューサーにキスして、それを武勇伝のように語ってたこともありましたね……。

とはいえ女優に対しては、昨今のコンプライアンス意識の高まりにより大手メーカーさんでは「社員は出演女優にさわってはいけない」というルールが徹底づけられています。スキンシップが激しくすぐハグしがちな女優は、逆に社員から「会社のルールで駄目なんです！」と必死で逃げられたりすることも。あるメーカーでは、若手社員はこのルールを守っているのに、社歴が長いプロデューサーだけは衣装をなおしに直接さわってくるし、あいさつでお尻を叩いてきたり、谷間に指突っ込んだりとスケベおやじフル稼働。あまりの異様さに、「ほかの社員さんは女優にさわらないよう神経質なほど気をつけるのに、□□さんだけは気にせずガンガンさわりますよね」と、何度か別のプロデューサーたちにわざと話題をふったことがあるのですが、「いやぁ、あの人は……」と言葉をにごされたり、「そんな反応に困ること言っちゃダメだぞー」と誤魔化されたり、「それに関して僕は何も言えないです。相手は上司なので……」と正直に頭を下げられたり……。皆、わかってはいたけれど立場的に注意できず見て見ぬふりをしていました。

某アパレルメーカー社長が自社社員を食い散らかそうとしたと疑われるセクハラ報道同様(当初は否定したが、誘い文句とハートマークだらけのＬＩＮＥが明るみに出て辞任。ただし、社長の座を譲っただけで株主として居続けている)、権力者は自分の庭で好き勝手やっても目をつぶってもらいやすい。普通の企業に勤めていたってこうなんですから、社会的にグレーな業界で働く個人事業主のＡＶ女優はさらに大変です。きちんと自衛していかないといけません。

男優や女優は個人事業主でも、メーカーやプロダクションは会社ですから、そこは一般企業と同じく隠蔽癖があり、どんな規則が存在しようとベテランやトップは例外だったりする。なので、ハラスメントの苦情は相手先の下っ端社員でなく、所属先の事務所へ進言しましょう。それでもたいして効果がなさそうなら、がんばって自分のフォロワーを増やしてＳＮＳで明かすとか。なんだかんだ言っても彼らが優位に立てるのは、社内や仲間内だけですから。

AV出演がバレるまで

周囲に黙ってこの仕事をしているAV女優たちが、もっとも恐れているのは「身バレ」。私の場合、事務所と単体契約をしたのが6月で、デビューはその年の11月だったので、DVD発売されて身バレを覚悟するまでの〝安心して過ごせる期間〟は十分ありました。とは言ってもAVメーカー面接を受けていた当時はシフト制ながらフルタイムで働いていたので、職場でなにか言われる前に正社員から「日英通訳など副業をしたくて」とアルバイト雇用にしてもらい、発売後には「忙しくなってきたので辞めたい」と申し出ました。実際に通訳もやっていたし、社員を辞めてからデビューしたので副業禁止に触れる規約違反はしていません。AV以前に、その辺りはきちんとしておかないと。

一方で、アクセスがいい都心の実家から離れる理由はまったくなくて困りました。澁谷果歩の情報が解禁された日以来、帰宅時は毎晩自宅のドアを開けるのが怖かった。母の「おかえり〜♪」という明るい声を聞いて、ようやくホッと胸をなでおろせるのです。もちろん、そんな日は長くは続きませんでしたが。

「AV女優は数え切れないほどいるし芸名を使っているのに、どうしてバレるんだ」と思われるかもしれませんが、そのほとんどは知人がネットの画像で偶然見つけてしまうケースです。たとえば、まとめサイト系のウェブ広告にAVの画像や動画がめちゃくちゃ使われている。

「自分の彼女に似た子が映ってるから、クリックしてみたらより大きくて鮮明な動画が観れて……。裸も知ってるし、もう本人でしかなかった」という話、デビュー前ですら知人男性から聞いたことがあります。エッチなものは漫画しか読まない私のスマホ上ですら、3次元のアダルト広告だらけなので、実写のエロ動画を嗜む人たちならあっという間に見つかってしまいそうですね。

職場や交友関係への影響

雇われ社員を早々と辞めて、年数回しか〝澁谷果歩〟じゃない仕事に携わることがなかった私は、同僚やクライアントにバレて苦しむことはありませんでした。ただ、遊園地とか世界的に有名な猫のキャラクターがいるアミューズメントパークでバイトしていた女優は「イメージにそぐわないので」と辞めさせられたし、職種によってはバレが雇用に影響します。猫じゃなくてネズミさんがいる園でも元女優が職を得た際に、過去とはいえ問題になることが予想されました。AV女優だって夢を守る仕事を続けていることには変わらないのに！

仕事を辞めされられること自体が倫理的にいいか悪いかはともかく、「アダルトビデオに出ている／出ていた」事実は、批判されるリスクを抱えた情報です。だから、ホクロやら歯並びやら声やらどう見ても本人だろうと、某有名アニメの主役声優さんみたいに所属事務所が世間に向けて表向き否定しなくちゃいけなくなるんです。対人でのやりとりが多く対象の年齢層が広い仕事ほど、副業女優や過去にAVをしていた女子は気をつけないと。

それに比べて友人関係は「縁を切れば済む話」と私は思ってしまうのですが、実際にはこちらで嫌な思いをする子が非常に多いよう。「ひさしぶりに地元の同級生から連絡があって返信したら、単にＡＶがバレただけだった」「大学の仲良しＬＩＮＥグループで画像を流された」などという話はよく聞きます。私にもＳＮＳを通じてダイレクトメッセージが届いたことが何度もありますが、ひとつも開いていません。だって、もう関係のない存在ですから。彼らは「知り合いがＡＶデビューした！！」と面白がって、自分たちのネタにしたいだけです。こちらに仲良くするメリットはまったくありません。

仕事でつながっているならある程度の不満は我慢しなくてはいけないけれど、ビジネス的に利害がない相手とは疎遠になっても一切問題はないと思います。むしろ個人的には「つきあいで予定入れたりＬＩＮＥ返すのが面倒だったからちょうどいいわ～」くらいの気持ちでガンガン消去できちゃう。そもそも、趣味も食事も独りで楽しめるし、世の女子が「祝われなかったら寂しい……」と語る誕生日だって、キリストでも天皇陛下でもないのに他人から祝われたいと思わない。気をつかわせたり「祝ったのに祝い返されない」問題をさけたいので、自らのバースデーは非公開です。死ぬときだって、その瞬間を目撃してショックや迷惑をかけるのが申し訳ないため、看取られない方が楽じゃないかと思う。これはもう持って生まれた性格でして、よくいえば他者への依存が弱く、実際のところ、まわりを気にして疲れるのが煩わしい面倒くさがりなんです。

そんな自分は、親兄弟以外の男性と大学以降に増えた連絡先を、デビュー前にまとめて消す徹底ぶりで身辺整理をしていました。AV女優になったことを知られれば、うっとうしいメールや電話が特に異性から来ることは予想できたし、そんな暇つぶしの興味本位な相手に返信するなんて時間の無駄です。ただ高校以前の友人は親同士のつきあいもあったため、急に音信不通になると自宅へ連絡が来る可能性があり、親バレ前は消せませんでした。このときばかりは「女子校だからすぐ噂にならなくてよかった」とホッとしたものです。

親バレしたらどうする？

私の場合、親に情報が漏れたきっかけは、新卒で勤めたスポーツ新聞社でした。男性だらけかつ、噂大好きマスゴミにとって、元社員のAVデビューは格好の餌。そして先輩だったプロレス担当記者が元プロレスラーの前田日明さんに、私がアダルトビデオに出たことを教えてしまいました。そして、昔からの知りあいだった父に、心配して電話をかけてきたそうです。「AV業界はヤクザが仕切ってる。危険だから絶対に辞めさせた方がいい」とおっしゃっていたとか。

前田さんといえば「ジ・アウトサイダー」をはじめあらゆる格闘技団体に携わり、ラウンドガールにAV女優を使うなど実際にアダルトの世界とつきあいがありました。つまり、そのプロダクション関係者が前田さんに「暴力団が絡んでいる」と確信させたんでしょう。

父に伝われば当然ながらその情報は母にもシェアされ、感情的な母親は「人前でセックスするなんて頭がおかしい。お父様、この子に精神科を紹介してあげて！」と父に頼み込み、知りあいの精神科医には前もって事情を説明し「娘に『AVに出るなんて精神異常だから』と言って、辞めるよう説得お願いします」と裏で診断の手回しまでしようとするヒステリーぶり。もちろん、初診当日は母も同席しました。

そんな困った依頼をされた先生は「ちょっとお母さん抜きでお話しさせてもらえる?」と母の退室後に私の言い分を優しい態度と表情で聞いてくれ、その後、こう言いました。

「君はとても論理的な思考で、自分なりの考えを持って今の仕事と向き合っているのがわかる。精神科を受診する必要は何もない。ただ親と同居してる以上、ヒステリックになったお母さんの影響を受けて、自分まで不安定になってしまうかもしれない。お薬を出すから、お母さんの感情の起伏が酷くなったら飲んでもらい、自分も飲んで、2人で半分こする形にしよう」。

さらに「圧迫した家庭環境で育ってきたみたいだから、診療じゃなくてカウンセリングを予約していろいろ話してみるとスッキリするかも」と助言を受け、別日に女性カウンセラーと話したところ、「あなたのお話面白いから、もっと聞いてたいわ」という反応が。そこでトークに手応えを得て、インタビューなどでも素を出すようになりました。皮肉にも、無理やり連れて行かれた精神科で「バレを気にしない方が、話せるネタもほかの女優より個性的になって面白いんじゃない?」と自分の売りを気づかされたのです。

それまではバレるのが怖くて、新人女優として取材があっても無難な受け答えしかできなかったのですが、バレたことで武器が増えた。もともと性格的にウマが合わない母とも距離を置く理由ができ、あこがれの一人暮らしもできた。無難な〝清純派AV女優〟とかいう闇しか感じない設定を守らなくてもいいし、自分らしくいられて結果オーライ……と思う部分はあります。少なくとも、私自身はそう前向きになっていいでしょう、自分の人生なんだから。

ただ、当時の事務所だけはダメです。実は私の身バレ話にはまだ続きがあって、元同僚や友人、親だけでなく不特定多数の人間に身元がさらされる不測の事態が起こったのです。それも、スクープ系週刊誌『ＦＲＩＤＡＹ』の袋とじで——。

週刊誌の袋とじ暴露事件

前田日明さん経由で親バレした1週間後、せめて知り合いから親の耳に入っていてよかったと思える出来事が起きます。週刊誌や夕刊紙の記者から父親に「娘さんのこと、ご存知ですか？」という電話がかかってきたのです。コラム執筆や記事の取材相手にもなったことがある父の連絡先は各メディアに共有されており、知らない番号から電話がかかってくることはめずらしくありませんでした。

どちらにせよバレることには変わらないのですが、会ったこともない記者が不躾にバラすんじゃなく、ちゃんと知人が心配して教えてくれて助かった。今では前田さんに感謝しています。

ちなみに週刊誌には私も記者時代に名刺を交わしたことがある人たちがいましたが、連絡先をすべて消してスマホごと替えていたので直接連絡はとれなかったのでしょう。ただ『週刊新潮』の記者だけは以前と担当が替わったようで「新しく引き継いだので、ごあいさつしたい。プロ野球を取材されていたころのお話をいろいろおうかがいできれば」と、やはり父の連絡先である自宅に電話をしてきました。まだバレる寸前だったため「ちゃんと連絡を返しなさい」と親に言われて会う羽目になったのですが、当然AVのことを聞かれて面倒だった……。もう新聞社を辞めた元記者に野球現場の裏事情なんてたいして聞くわけはなく、「AVってギャラいくらもらえるんですか？」「何でデビューしたんですか？」と「なぜ貴方にそんな話をしなくちゃいけないの？」という個人的な質問ばかりでした。

しかし相手は話しやすい子だと思ってくれたのか、薬指にリングをはめているというのに「取材じゃなく普通に飲みに行きませんか？」と後日メールで誘われて嫌な予感しかせず、「仕事でないのならお断りします」と返信したら二度と連絡は来ませんでした。この方はビジネス関係より肉体関係を持ちたかったのでしょう……。まぁ、AV女優でなくとも女性ならよくある話。

正直、私は勤めていた会社で噂になるのは仕方ないし、かといってすでに辞めたのだから何の問題もなく、記事にすらならないと思っていました。新聞社で働く人たちが過去にAV出演していたと騒がれたのも現役の社員だからであって、元社員でしかない自分は世間的に大した話題にならないはずだと。

ところが、むしろ退社しているからこそマスコミ仲間の新聞社に気を使って黒い目線を入れる必要もなかったのか、ゴシップを好む多くの夕刊紙や週刊誌、特に『FRIDAY』ではご丁寧にカラー袋とじまで作られてしまうなど、予想外のネタになってしまいました。あまりの大々的なあつかわれぶりに、業界内では「アダルトビデオにありがちな、『元地方局アナ』とかの設定だろう」と思い込まれ、初めて会うスタッフや女優からは「え、本当に記者だったの？　そういう体《てい》で売り出されたんだと……」と驚かれ、バラされたのに嘘と思われる〝二重に損した気分〟をよく味わっていたものです。

もちろんプロダクションへも取材が行っていましたが、当時の社長から悪気なんてなさそうに、かつ「困ったよね〜」と人ごとのように報告されて呆気に取られました。

「え。記事を止めてくれないんですか？」

「そういうの無理なんだよねー」

忘れません、あの笑顔とノリの軽さ。「ＡＶ出てもバレないよ」から始まった勧誘トークは、デビューメーカーを決める後戻りできない段階で「先に言っておくけど、バレるかもしれない」へと変わり、デビュー後には「記事もう来週には出ちゃうって」という取り返しのつかない状況に。「頼りにして」と言っていた事務所はまったく頼りにならないとわかった瞬間です。

プロダクションへの不信

この時点から、私は「友だちや家族ぶった態度を取るくせに、ＡＶマネージャーに個人的な悩みを相談しても何も解決しないし、むしろ女優のプライベートな不幸は彼らにとって喜ばしいことなのだ」と学んでいきます。たとえば同棲彼氏との不仲を嘆いている子がいて本人たちは別れたくないのに、破局してくれれば仕事が入れやすくなる事務所は万々歳。私の場合は

ＡＶ大反対な両親との共同生活がたいそう邪魔だったようで、女性マネージャーに「私も幼い娘がいるけど、貴女の母親みたいにはなりたくない。好きなことをやらせてあげるべき」とドヤ顔で親批判され不快でした。しかし、一人暮らしがしたいと言えば馴染みの不動産屋をすぐに紹介してくれて大変便利。「私の親を悪く言っていいのは私だけなのに……」という違和感は拭えなかったけど、これがアダルト勧誘の際に問題として挙がる洗脳的なものかもしれません。

つながりの深いコミュニティをシャットダウンすることで、事務所にしか居場所がないように導き、容易にコントロールしたいのでしょう。「サークル活動かよ」ってくらい、やたら食事会だの鍋パーティーだのイベントを催そうとするのも説明がつきます。ご飯を独りで食べたい派の私には逆効果でしたが、田舎から出てきて知り合いが少ないうえ、まわりに言いにくいＡＶなんて仕事を始めてしまったら、「タダ飯だし」に加えて「理解者がいる」と惹かれる気持ちもわかる。

「元新聞記者がＡＶ女優に！」というニュースの出どころは、「メーカーが売り込んだ」とも「事務所サイドが持ちかけた」とも噂されました。同時に私の前職から、気づいたマスコミの人間がネタにした可能性も否定できない。とはいえ当時、どうも怪しいと思ったのは、いろんなマネージャーから「自分たちが仕組んだんじゃない」と必死すぎるアピールをされたこと。しかし、それが計画通りであれ何であれ、彼らがこの事態を喜んでいたのは後に明らかになりました。

身バレの原因になったFRIDAYの記事。
実際の誌面には社名や父親の仕事などもばっちり書かれていました……。

アリスJAPANデビューの際は〝バレないための配慮〟として出身地も経験人数も性格的なキャラクター設定もすべて適当なものがパッケージに書かれたものの、半年経ち、別の単体メーカーであるアイデアポケットへ移籍するとなったときには、本当のプロフィールの方が話題になるからと「大○翔○に取材した元爆乳美人記者」などと表記されていました。それ自体は売り上げのための戦略と理解できるのですが、プロデューサーとの初顔合わせで、「このメーカーさんとの取引は初だから俺が行く」とやる気を出して同行した事務所オーナーが最低最悪。「この子、こんな話題になったんですよ〜♪」と、まさかの身バレ記事を取り出してきたんです！

私にとって苦しかった日々の原因となった記事をニコニコしながら開いて見せて、そんなものが大事に保管されていたことすら知らなかった自分は驚きと、続いて文句を言いたくても、「これからお世話になるプロデューサーさんの前」というシチュエーションに下を向き、ただただ無言。普段マネージャーとして現場に出て女優と一緒にクライアントと接さないプロダクショントップゆえの失態ともいえますが、当たり前のことを何もわかっていなかった。身バレで嫌な思いをしない子なんていません。オーナーは私が親バレして週刊誌にも書かれてと落ち込んでいたときに慰めようとよく遊びへ誘ってくれていたのですが、その元気がなかった時期を知っているにもかかわらず、平気で私の辛い過去を得意気に見せつけたことに裏切られた思いでした。

せめて、「売りになるから当時の記事を持参してもいいか」と事前に私の許可を取ってくれてさえいれば、「何て無神経なんだ、この男!! ふざけんな」と恨まなくて済んだのに。

そもそも、週刊誌に身バレ記事を出されてしまったことは事務所の恥であり、絶対に誇りとして扱ってはいけません。なぜなら私は当時〝パブNG〟だったので、目立つコンビニ写真週刊誌などに女優名や写真が載せられるのは完全なルール違反でした。

あこがれの寿引退

日本の高齢化&少子化社会にとってはありがたいことに、キャリアウーマンが増えた現代も結婚・出産願望を持つ女性がマジョリティなのは変わりません。なかでもアダルト業界で生きる女子たちは、ことさらそのあこがれが強い印象を受けます。引退理由は「寿がいい!」と希望を口にする女優の多いこと多いこと。実際に入籍を機に辞める子は沢山いるし、「彼氏と結婚の話が出てるから、もう辞める」と決める新人がいれば、結婚相手が現れないから「引退時期を見失った」と嘆くベテランだっています。結婚をきっかけに引退宣言までしたけど「旦那の借金が発覚して、続けることにした」なんていう例も……。本人の心境は複雑かもしれないけれど、人気メーカーの代表的専属女優ゆえ、ファンと事務所にはうれしい撤回でした。また、つきあっていた相手の束縛が強いせいで辞めたのに、「結婚してくれないから復帰する」とわずか半年でOLからAV業界に戻った売れっ子企画単体女優もいたり。

人生で一度も「結婚したい」とも「子供が欲しい」とも思ったことない自分にとって、これには違和感しかありませんでした。両親はなかよしだし、不倫恋愛や親しい友人の離婚を目の当たりにした経験もゼロだから、結婚生活を忌み嫌う理由は見当たらない。でも、ディズニー映画より少年漫画を愛したためか、ただ単純にまわりの人と同じことをしたくない性格ゆえかわからないけれど、私はむしろ「結婚したくないから」この仕事を試せた部分があります。

実はデビューする前、親に何度かお見合いをセッティングされました。しかもそれが「新しい彼氏ができた」と明かした途端だったので、すごく嫌な気持ちにさせられた。だからAV出演が決まって契約書にサインするときは「もうこれで後戻りできないぞ」という不安だけじゃなく「もうこれで親はお見合いなんて二度と押しつけられないぞ」なんて心の声も聴こえたんです。私には後者の方が大きく響き、「これからは両親の望む人生を、まるで自分も望んでいるかのように演じ続けなくていいんだ」という解放感を得られました。

女性がアダルトビデオに出るのを決心する理由は、1つだけじゃない。円グラフで描けば最も大きい要素が「お金」だとしても、面白い経験を求めての「好奇心」や、テレビ出演や音楽ライブという芸能活動をしたい「夢」だって理由になる。ただし恋愛や結婚に関する「夢」を抱いていれば、その未来は描きづらくなるでしょう。それでも覚悟して選ぶのは、他に得られるものがあまりにも魅力的か、他を優先せざるを得ない環境にあるか、目先のことしか見えてないか……。

こんな私だって、いつか、もしかしたら入籍も出産もしたいと願うかもしれない。仮にそうなれば「どうしてAVなんて出ちゃったんだ。主人と子どもが可哀想……」と後悔しちゃうかも。結婚相手のご家族も心配だし、と、何の予定もないのに想像しただけで怖くなります。でも2018年1月に蒼井そらさんが結婚、同年12月には妊娠を発表したように、夫や子どもができたことを明かす元AV女優も現れました。2019年2月に離婚を発表されたみひろさんも、結婚式に多くの女優仲間が参列していたのが感動的だった。このように有名な方々が前例を作ってくれたおかげで、過去にAV出演した女性が少しでも新しい夢と向き合えるようになれば素晴らしいですね。

引退後のセカンドキャリアは築けるのか

私自身はといえば、AV女優を辞めるとき、「とりあえずこの先、AVは撮らないけれどそれ以外の仕事は同じように続けていこう」と思っていました。しばらくはヌードグラビアもやっていたし、AVメーカーがオファーするイベントなどにも出ていました。過去作の販売にも前向きで、まだまだ業界にお世話になろうというか、むしろお世話になったメーカーに還元していこうというくらいの気持ちだったんです。

ただ月日がたって、次第に「元」AV女優という部分をきちんと強調していきたいと思うようになった。現役の女優さんと役割が重ならないよう、同じゲスト枠なら断るけどMCならオッケー、というようにポジションを分けてもらったり、徐々に仕事を選ぶようになっていきました。

また昨今はYouTubeを筆頭にSNSの規制が厳しくて、エロ方面は押し出しにくい部分がある。その風潮は引退した身としてはちょうどいいタイミングでしたね。引退すれば下着や水着より普通の服を着ることが増えるし、そうあるべき。逆にAV女優はSNSでエロさ勝負がしにくくなっているのでは……。

そんななか、AVを引退してから力を入れたのがコスプレです。というのも私、高校時代までは完全に漫画&アニメオタクでして。けれども、大学生や社会人時代は周囲に引かれないようにとその趣味から少し離れて気になっている作品だけチェックし、女優業を始めると多忙さでそんな暇もなくなってしまった。で、引退後はようやく時間的な余裕が生まれて、自らコスプレに挑戦してみました。それまでは見る専門だったけど、コスプレAVの撮影で初めて経験したのがとても楽しかったから。

コスプレをすると自分の見た目を思いっきり変身できます。鏡で毎日己の顔を見るのもマンネリに思う性格ゆえ、その刺激と変化にハマっちゃって。アダルト現場で色違いばかり着せられるVネックカシュクールリブニットや三角ビキニ以外で巨乳を生かせる感動も覚えました。

しかも私、顔立ちがシンプルなので、メイクでかなり顔の印象を変えられます。素朴なルックスと爆乳という体形も二次元に向いていて、胸の大きなキャラを選ぶと映えるみたい。推しキャラにあまりそういうタイプはいないんですが、基本は作品で推すのでオッケー！

せっかくなので写真を投稿するだけでなく仕事につなげたいと思ってはみたものの、日本国内ではコスプレって、すでにアダルトじゃない方々たちによってジャンルが確立されているので A V 出身なんてお呼びじゃない。だったら日本人があこがれを抱きやすい欧米を経て〝逆輸入〟で攻めようと、米国のアニメイベントから参入しました。すでに A V 女優として名前が通っていたこともあり集客できるし、英語でのやりとりやオタクな話題にも対応できる。行動力が評価される文化にも助けられ、ほかの子ができないことをやっている自負とともに、引退後の活動が充実していきました。

はじめてコスプレで参加したのは、引退を発表してまもない時期、2 0 1 8年の北米最大規模であるアニメエキスポでした。その前にラスベガスで開かれている A V N というアダルト業界誌主催のアダルト・エンターテインメント・エキスポに、2年連続で D M M の海外用アダルト配信サイト R18.com から日本の A V 女優代表として出演していたのですが、3年目には同社が出展しなかったために、「よし、現地の知り合いもできたし売り子として行こう」と個人で参戦。実はそれまでの2年間、休憩時間にはほかのブースを回って一人で買い物をしていたので、培ったコネクションがありました。

そのときの企業向けスペースに『TamaToys（タマトイズ）』というコスプレ A V メーカー

『TMA』のアダルトグッズ会社が企業向けスペースで出展しており、私が単独で来ていることを知りごあいさつに来てくれました。その時に「僕らアニメエキスポにも行ってるんですよ」とおっしゃったので、「それ私もぜひ行きたいです！　ブースに立たせてもらえませんか？」と持ちかけたのがきっかけでした。

結果たくさんのお客さんが列に並んでくださって、日本国内では中古の値段でも余るAV作品もすべて売り切れました。そして「来年もぜひ来てください」と2019年は同社から招待していただく形で再訪できた。その後は米国でほかのアニメイベントから直接ゲストで呼ばれたり、年齢制限のないエリアでもサイン会などを行うようになり、次第にアダルトではなく一般向けの活動もできるようになったんです。それもアニメや漫画といった大大大好きな分野で。

いまではアニソンDJやアパレル店舗などアダルト業界から離れた知りあいもできて、私が関われるものが増えていった。最近ではコスプレイヤーや作家、声優、ときにセレブリティという肩書で、米国をはじめとした海外の大きなアニメイベントに招待されています。

やりたいこと&やれることをやる

こういうパターンは、セカンドキャリアとしては独自かもしれません。引退後、個人で活動している元女優さんたちは、ほとんどが撮影会やオフ会など、芸能界というよりはクローズドな空間で稼いでいるんです。だから私が雑誌に載ったりすると、「どんなつながりでオファーが舞い込んだの？」とか「ギャラいくらだったの？」といった下世話なことを聞かれがち。海外のイベントも「旅費は出るの？」とか。嫉妬されたくなくて、適当に「自腹だよ〜」と答えたりもしました。そういうことズケズケ聞いてくる人って、正直信用できませんから。オタクでもないのに「儲かりそう」という理由だけでコスプレを始めようとしていた女優からは、永遠に資金だの予算だの、お金に関する話ばかり聞かれました。

実際、営業として直接売り込みに行く場合に、旅費は自腹でイベント出演料だけもらう、という形を取ったこともあります。当時は「これから自らの新しいブランディングをしなきゃ」と強く思っていたので、お金が出ていくのは投資という面で仕方ないなと。フリーゆえ、利益は後回しで自由に動ける。実家が都心にあるから生活費は削れるし、節約はプライベートの部分ですれば構わない。逆に引退した後も現役時代の生活レベルを変えられない女優さんは、相当きついのでは。

条件がどうのこうの言う前に、まずは集客や話題性などの結果を出す。そうすれば、自然と向こうからギャラを提示して仕事をオファーしてきてくれるようになります。また海外のクライアントと仕事をするときは、直接会わないとお互い信頼関係が築けず実現しにくいため、直接会ってあいさつして英語で十分コミュニケーションが取れることを知ってもらわないと。そうやって少しずつ自分の行動力からチャンスが生まれていきました。

それに一人で精力的に動いているうち、「この子がんばってるな」とサポートしてくれる人も次々と出てきてくれたんです。「何をしたらいいか」という具体的なことを他人に聞く前に、まず自分自身で考えてなにかやってみて、トライ&エラーで修正していけばいい。

AV女優って、普通のタレントやグラビアモデルと比べると無名でもSNSのフォロワーがつきやすい。理由は単純にSNSの内容がエロいからなんだけど、本人に人気があるように錯覚してしまいがちです。ゆえに引退しても仕事がもらえるような気がしちゃうけれど、やはり待ってるだけじゃたいした仕事はきません。元AV女優という肩書が、強みではなく足枷になることもある。私も、アメリカの小さなアニメイベント関係者に自己紹介したら「ああ、うちのイベントはファミリー向けなんでちょっと……」って言われてしまったこともありました。

今はその何十倍も大きなイベントのゲストに呼ばれていますが、当時はとても悔しかったです。

イベント先で取材を受けた時の動画や記事を見てもらったのか、米国の有名ユーチューバーさんや配信者さんから直接コラボしたいです、とか、インタビューさせてくださいって声をかけていただくことも増えました。ツイッターなど文章の投稿を英語にしていても実際に話せる証明にはならないので、現地に行ってファンやインタビュアーと接する機会を得られたのが実を結びました。

日本のAVって外国でも人気がありますし、過去にラスベガスや台湾、上海のアダルトエキスポに参加したこともあって、Kaho Shibuyaの名前をすでに知っていてくれた人もいました。認知されているのは本当にうれしい。現役時代に違法ダウンロードで作品が海外に無料で流れてしまったであろうことも、もはや感謝です。

フリーかつ英語を話せることでフットワークも軽くなり、なにより自分のことは自分で面倒を見たい私には合っていた。またユーチューバーも配信者も会社でなく個人でコンテンツを作っているので、私がやりたい方向性を尊重してくれるのがありがたいですね。たとえば日本の国内でメディアが絡むと、どうしても「元AV女優の」っていう肩書に固執してAV現場やセックス関連の話しか振ってもらえないんですが、海外だとわりと自由に喋らせてくれます。「これからは私、フルタイムのオタクでやっていきたいんだ」って言えば、その方向で企画を進めてくれる。

コスプレ自体も男性が女性キャラの衣装を着ていたり、衣装にアレンジを利かせていたりと、日本なら「キャラを壊すな！」と叩かれそうなものも皆が楽しんでいて、これが文化の違いなのかなって実感しました。

なにより彼らのファンは漫画やアニメ好きで日本への興味や知識があるため、エロ以外にも盛りあがれる話題が沢山ある。日本人として得たオタク教養を英語で海外に届け、クールジャパンを発信することにはやりがいも感じました。

ただその役割を担うには、生半可なオタク度ではいけません。生まれ育った年代でアニメ知識が止まっていたり、最近の話題作しか知らないのなら、ちゃんとその間を埋める。各作品のタイトルはもちろんのこと、批評も英語で語れるように。オタクなんて情熱がなきゃやってられません。王道な少年漫画アニメ化作品も女性向けBLも、ロボットものも魔法少女ものも、ハーレム系も転生系も、全ジャンルを網羅し理解を深める。大変な作業ですが、英語もアニメも好きな私は毎回こう思うのです。「これ仕事でやれてるの、最高やな」って。

コロナウイルスの流行で世界中のアニメイベントが中止になったときはゲーム配信に特化し

たTwitchに参入し、自粛での生活を配信して海外ファンと好きな作品の話で盛りあがりました。やり方がわからず手探りだったけどTwitch公式パートナーにも認定され、「ゲーム配信もしよう」と着々と準備を進めました。元々はチャット配信にもゲーム配信にもまったく興味がなかったのに、もっと海外のオタクファンと語り合いたいという気持ちが私を変えてしまった。現役中のアイドル活動にはあれだけ舌打ちしていた私が、アニメイベントのカラオケ大会に参加したり、ステージでパフォーマンスをするためのオリジナル曲制作にも意欲的です。「好きなこと」「やりたいこと」だけじゃなく、「好きになれそう」と「やれる」がうまく合致するのが、楽しく仕事するレシピかもしれません。

会員制の18禁コンテンツ

最近、私はもう離れたトップレスやヌードといった完全なエロ系も個人配信が増えました。特に欧米ではcamgirl、和訳では「チャットレディ」と出てきますが、cam（カメラ）とcum（イク）をかけて、オナニーを手伝うライブ配信が人気です。またサブスクしている会員だけが投稿を見られるサービス『OnlyFans（オンリーファンズ）』は、セックスワーカーによる性的な画像や動画が売りで、米国のポルノ女優なら局部をさらしているものもあります。コロナの影響により集団でアダルトコンテンツを制作するのが難しいため、自粛期間は新規登録者が7割以上増加したそうです。

日本でクリエイターを募るOnlyFansスタッフは、元や現役のAV女優だったり、R15以上の同人販売をしているモデルに声を掛けていると話していました。日本に住んでいる女優が女性器を出すのは我が国のルールに反しますが、一般的なSNSでは、性器どころか乳首が出ていたり、手ブラでさえ「有害コンテンツ」として削除され規制されてしまう。だからツイッターやインスタの投稿に、「もっとエッチなのを見たい人はOnlyFansへ」と誘導するのです。局部や乳首までは見せないレベルなら、『Patreon（ペントリオン）』というクラウドファンディングのプラットフォームを使う海外のグラビアモデルやコスプレイヤーが多い。こちらではR指定は許容するけれどAVのようなものは駄目で、具体的には「自慰行為、性行為を撮影」することを禁止しています。簡単に言うとPatreonは着エロまで、OnlyFansはポルノまで見られるイメージ。

精力的にメディア活動したい私にとって、クローズドなコミュニティでは名前を売ることができないのがネックなのだけど、表舞台から身を引いた元女優にとっては会員制でバレにくいのがむしろいいらしい。アダルト配信サイトの運営チームに聞くと、「引退したし、もう脱がないつもりだったけど、やっぱりお小遣いが欲しい」と元AV女優が参加するパターンが増えているみたいです。

実は私も引退直後に友人の紹介で台湾発の配信アプリをオファーされて、試してみたことがあります。「『17 Live（イチナナライブ）』みたいなサイトです」って聞いてたら全然違ってエロばかりだったけど、説明を受けて自分のスマホで登録させられたものだから、もう断れず2ヶ月やってみることに。しかし日々の更新が面倒くさいし、「いつまでも直接的にエロい仕事ばっかしてもね……」と結局辞めちゃいました。引退したのに同じようなことを続けて、これじゃ何も変わらず面白くない。引退してもヌードを売り続けなくてはいけないなんて、私個人としては寂しく思います。

ただ、ネットで性的なコンテンツを流すだけのこうした活動は、実際に男性と接することがない分、女性にとっては肉体的リスクが少ないという大きなメリットがあります。裸を見せるのはいいけど、さわられたくない人にはおすすめできる。しかし、会員制とはいえ流出の可能性はありますから、情報管理の完全安心を約束できないのがデメリットです。

最大の問題、ネットへの流出をどうするか

ＡＶ女優にとって、引退後の心配事のひとつが出演作のネット流出。ＡＶ出演強要問題後、出演承諾書には『肖像権及びパブリシティ権の利用は撮影日から5年6ヶ月、もしくは販売日から5年』と明記されるようになりました。ですから正式には女優が望まなければ発売から5年経った作品は販売・編集ができなくなるわけです。とはいえ、それはあくまで正式な販売方法で流通されたもののみ。違法アップロードされた映像は、簡単に消すことができません。

ちなみにアメリカの大手アダルトサイトでは、アップされている動画に関して、女優に二次使用料が支払われるんです。実は私の出演作もいくつかアップされていたため、「勝手に上げられているものを消したい」とアダルトサイトでエロアニメを配信している海外メーカーに相談したら「自分のアカウントを作って二次使用料を受け取ったら？」と打診されました。アメ

リカでは女優が自分の映像の権利を持っているのでそれが成立するんですが、日本では女優が映像の権利を持っていません。そこが日本とアメリカの女優の大きな違いですね。

私としてはお金どうこうより違法にアップされたものを消したい気持ちが強いので、「海外無料ダウンロードサイトにアップされている動画取り下げ」にチャレンジしてみました。

まず日本の大手AVメーカーの方々に尋ねると「僕らも被害者で、海外向け定額ダウンロードサイト『R18.com』を除いては勝手にアップロードされているという認識」という回答。そこで直接、もっともユーザーの多い『Pornhub（ポルノハブ）』にコンタクトを取ったところ、無事に私のポルノ女優プロフィールページを削除してくれました。出演動画も、削除申請したものから順に対処してくれて、大変協力的でした。

ネットにはいろいろなコンテンツが著作権など関係なしに上がってしまっているものの、こちらから英文で相談すればきちんと処理してくれます。HPが日本語対応しているため、日本語でのコミュニケーションも可能かもしれません。

しかしアップロードされていたコンテンツのなかでひとつだけ、〝日本のAVを字幕つきで合法に世界へ発信〟をうたうZENRAという会社が、あるAVメーカーによって動画アップ許可を得ていると反論してきた作品がありました。ここだけは意図的に海外の無料ダウンロードサイトへ流しているようです。

他にも許可を得たメーカーがあれば教えて欲しいとZENRAへ返信し、ひとまず国内で同AV作品の販売停止申請を出すことにしました。この「販売停止申請」に関しては、次章でくわしく解説しますね。

出演作の二次使用料は請求すべし

ちなみに日本でも、過去の出演作の二次使用料が支払われる場合があります。たとえば『特選！むっちり巨乳15人』のようなオムニバス作品に、私の過去の出演映像が入った場合。実際に、今でもたまに私の口座にはギャラが入ってきています。とはいえ、映像の二次使用料が支払われるようになったのは2019年の5月から。それ以前のものは適用されません。後述するAV人権倫理機構が決めた「適正AV業界の倫理及び手続に関する基本規則」のなかに、業界が守るべき規則として

第8条　著作権および二次利用
制作した作品ごとの著作権および著作隣接権の帰属先を明確にする。その作品の二次利用については、別途定める方法で出演者に二次利用に関する報酬を支払うものとする。

という項目が明記されたからです。

有名な作品が摘発されたり事務所の社長が逮捕されたり、AV出演強要問題で「若い女の子を搾取している」と社会に睨みをきかされたアダルト業界がホワイト化しようと動いた結果で、それまでは一切なかったルールです。それまでは作品には一回出たらそれっきりで、映像

が何度リユースされても女優にお金は入りませんでした。ＡＶプロダクションや制作の立場を弱くした強要事件への非難のおかげで、ようやく引退して1年経った後の私でも半年ごとに10万円や15万円が振り込まれることになりました。二次使用料の支払い義務が課せられたのがタイミング的にもっと早ければ、もらえる金額も増えていただろうと悔やまれるものの、以前の状況を考えればもらえるだけでも十分ありがたい。

ただ、どのタイミングで入金されるのかとか、どの作品が使われたのか、っていう詳細は明かされないんですよね。メーカーによって通す審査団体も違い、振り込み元の記載が「アヴァン」だったり「ニホンエイゾウセイサク」だったりとシステムが不明。

日本映像制作からは「二次使用料が発生するのでお送りします」と電話が来ただけで「何の作品ですか？」と尋ねても「じゃあ調べて、事務所に詳細送っておきますね〜」と言われてそれっきり。お金が入るのはうれしいんですけど、その内訳も教えて！

一方、ＡＶＡＮ《アヴァン》に関してはメールで確認したところ、「支払時期（毎年6月、12月）に二次利用報酬が支払基準額の９０００円以上となった際に、ご登録いただいた口座へ自動的にお振込みいたします」との回答がありました。

「ＡＶＡＮ」というのは、ＡＶ出演強要問題を受けて元ＡＶ女優の川奈まり子さんが代表となって立ち上げた組織。詳細は次の章で書きますが、二次使用料の支払いに関して積極的に取り組んでくださっています。

そこで数字の内訳など、気になることを重ねて問い合わせてみました。

私が質問したのは、この3点。

・以前支払い基準額や支払い時期についてご教示いただきましたが、各内訳は希望すればタイトル名などを知ることができるのでしょうか？
・二次報酬は、出演時間や内容によって金額が変わるのでしょうか？　たとえば「巨乳35人コレクション」と自身の総集編みたいなものとでは報酬に差が出るのかなど。
・企画作品などの女優名が記載されないAVでも、きちんとメーカー側から二次使用に関して報告されているのでしょうか。

数日後に届いた回答は、次のようなものでした。

二次利用報酬は、二次利用使用分数や出演女優さんの人数によって変わります。同じ時間の作品でも出演人数で分配しますので、1人が出演している作品と35人が出演している作品では違っております。
女優名が記載されていないAVに関しましては、公式プロフィールの女優名にて報告していただいてます。

隠蔽気質を感じず、かなり丁寧に対応してもらえることがわかります。ちなみに、先方が

	A	B	C	D	E	F	G
1	2018年1月～2019年6月二次利用報酬対象作品						
2							
3	IPPA会員番号	IPPA会員名	[illegible]	品(型)番	作品タイトル	収録女優名	分配金
4	010018	株式会社h.m.p	162624	HOMA-00045		澁谷果歩	1,620
5	010023	SODクリエイト株式会社	156469	GRCH-269	一徹 Best collection vol.1	澁谷果歩	3,150
6	010023	SODクリエイト株式会社	167607	GRCH-291	GIRL'S CH 感じて とろける おっぱい select	澁谷果歩	1,852
7	010023	SODクリエイト株式会社	161166	SDMU-845	マジックミラー号 総集編2018	渋谷果歩	943
8	010023	SODクリエイト株式会社	163439	3DSVR-0295	総集編(ハーレムVRスペシャル)	澁谷果歩	787
9	010023	SODクリエイト株式会社	173110	GRCH-295	GIRL'S CH 男子を 責める・弄ぶ・イカせる select	澁谷果歩	2,423
10	010023	SODクリエイト株式会社	174667	GRCH-300	GIRL'S CH 囚われた捜査官 Best select	澁谷果歩	3,937
11	010035	関西ソフト物流株式会社	156835	UMSO-192	騎乗位40人(仮)	澁谷果歩	787
12	010035	関西ソフト物流株式会社	159975	UMSO-201	徹底攻略！女体観察50人4時間	澁谷果歩	630
13	010035	株式会社KSプロ	166437	UMSO-221	デカ乳家政婦さんのとってもエッチな泡洗体&ご奉仕SEX②	澁谷果歩	5,250
14	010035	株式会社KSプロ	168371	UMSO-231	巨乳家政婦さんのご奉仕フェラ！29発射	澁谷果歩	1,086
15	010035	株式会社KSプロ	170015	NASH-006	ド迫力BODY 爆乳熟女22人!全裸エクササイズ③	澁谷果歩	1,431
16	010035	株式会社KSプロ	170016	NASH-012	魅力の垂れ乳熟女8人	澁谷果歩	3,937
17	010054	株式会社WILL	154915	DMMG-039	DMM5月号	澁谷果歩	114
18	010054	株式会社WILL	155018	RBB128	どろりと溢れ出るほど濃厚な生中出し生SEX8時間	澁谷果歩	941
19	010054	株式会社WILL	155453	NPJB016	厳選ｼﾛｳﾄ娘40人が童貞ｸﾝの射精をお手伝いするつもりが優し過ぎて童貞喪失筆おろしｾｯｸｽまでしてくれちゃいました。ﾍﾞｽﾄ8時間!!	澁谷果歩	1,012
20	010054	株式会社WILL	155469	HNDB109	超厳選特別版全部中出し100本番12時間	澁谷果歩	495
21	010054	株式会社WILL	156640	RBB130	綺麗な女を犯したい！可愛い女を犯したい！イイ女を犯したい！ヤリたいことは全部やる！徹底的に犯しまくる8時間	澁谷果歩	941
22	010054	株式会社WILL	157026	HNDB118	絶対妊娠!ガン反りチ〇ポで孕ませ中出しSEX!総集編vol.2	澁谷果歩	5,062
23	010054	株式会社WILL	158687	IDBD780	イッタ後も容赦なく突き続ける！女達のイキ果てBEST!!追撃ピストン8時間！	澁谷果歩	1,157
24	010054	株式会社WILL	159001	BBSS011	ﾚｽﾞﾋﾞｱﾝに揉みしだかれる巨乳BEST4時間	澁谷果歩	1,575
25	010054	株式会社WILL	159002	DMMG-041	DMM7月号	澁谷果歩	138
26	010054	株式会社WILL	160096	DAZD090	ゼッタイ孕ます危険日中出しBEST8時間	澁谷果歩	1,191
27	010054	株式会社WILL	160099	HNDB121	女の絶頂と同時に射精する正常位中出しvol.3!!153連発!!	澁谷果歩	311
28	010054	株式会社WILL	160461	DMMG-042	DMM8月号	澁谷果歩	143
29	010054	株式会社WILL	160463	JFB153	絶対主観で根こそぎ搾り取る卑猥なロマ〇コ 美味しくｼﾞｭﾎﾞｼﾞｭﾎﾞﾌｪﾗ8時間BEST	澁谷果歩	1,125
30	010054	株式会社WILL	160466	VVVD158	V2017年上半期全ﾀｲﾄﾙBEST 全て過激な15作品 8時間2枚組！	澁谷果歩	3,375
31	010054	株式会社WILL	161299	RBB136	美しいカラダ。形良し大きさ良し乳首良し!!これぞまさに神乳8時間	澁谷果歩	710
32	010054	株式会社WILL	161300	RBB137	超！乱交8時間 女の子いっぱい！男もいっぱい！SEXしてフェラして手コキしてとにかく乱れまくる超絶乱交	澁谷果歩	595
33	010054	株式会社WILL	162388	BF548	ﾎﾞﾝﾃﾞｰｼﾞｶﾞｰﾙｽﾞBESTCOLLECTION8時間 part3	澁谷果歩	6,750
34	010054	株式会社WILL	162970	PPBD146	毎日10発中出しするまで終わらない粘着ｵﾔｼﾞと濃厚SEX8ﾀｲﾄﾙ大ﾎﾞﾘｭｰﾑ8時間BEST	澁谷果歩	5,062
35	010054	株式会社WILL	163378	DAZD091	ｲｸﾞｯｯ!!イッちゃう～!!脳がﾄﾛけるほどﾋﾞｸﾝﾋﾞｸﾝ!!絶頂8時間	澁谷果歩	1,840
36	010054	株式会社WILL	163381	NPJB019	童貞ﾊﾝﾀｰからｽﾜｯﾋﾟﾝｸﾞ愛好家!更に中出し懇願する不貞妻まで!ﾅﾝﾊﾟJAPAN歴代最高のｴｯﾁな美人妻45名8時間	澁谷果歩	1,012
37	010054	株式会社WILL	163724	PBD344	敏感お姉さんたちのｲｸｲｸ中出しBEST8時間	澁谷果歩	1,350
38	010054	株式会社WILL	163313	FANZ-001	FANZA10月号	澁谷果歩	148
39	010054	株式会社WILL	164526	RBB140	膣奥でｲｷたくて中出しを求める女にどくっ!!どくんっ!!マ〇コ締め上げ最高の中出し8時間	澁谷果歩	440
40	010054	株式会社WILL	164906	CJOB036	痴女だらけとﾎﾞｸ1人BEST50本番!!独占ﾊｰﾚﾑ4時間	澁谷果歩	420
41	010054	株式会社WILL	165332	FANZ-002	FANZA11月号	澁谷果歩	135
42	010054	株式会社WILL	166962	MIZD112	思わず腰が引けちゃうほどの喉じゃくりフェラ4時間	澁谷果歩	670
43	010054	株式会社WILL	166963	VVVD161	神乳神尻アナルレズ解禁神BEST	澁谷果歩	7,875
44	010054	株式会社WILL	166964	FANZ-003	FANZA12月号	澁谷果歩	135
45	010054	株式会社WILL	168451	FANZ-004	FANZA1月号	澁谷果歩	141
46	010054	株式会社WILL	169952	JUSD810	マドンナが刻んだ人妻・熟女の歴史 15年間×売上TOP20=300作品 The Madonna Best 2004～2018	澁谷果歩	390
47	010054	株式会社WILL	171607	RBB－148	発射寸前！我慢汁垂れ流しの気持ちいいﾌｪﾗﾁｵ160連射8時間	澁谷果歩	245
48	010054	株式会社WILL	171671	DAZD094	たわわに実った桃乳おっぱいBEST8時間	澁谷果歩	2,131
49	010054	株式会社WILL	171679	HNDB-131	全部膣奥ﾊﾞｯｸ中出し100連発!!尻穴丸見え!怒涛の追撃ﾋﾟｽﾄﾝ!	澁谷果歩	492
50	010054	株式会社WILL	173393	HNDB132	本中8周年200作品250発	澁谷果歩	352
51	010054	株式会社WILL	183507	HHF-001	素股総集編(仮)	渋谷果歩	1,687
52	010054	株式会社WILL	175327	JUSD822	マドンナ歴代の超大作がここに集結―。美熟女オールスター夢の大共演BEST 8時間	澁谷果歩	562
53	010054	株式会社WILL	175502	MIZD131	孕ませレ×プ36連発ラッシュ4時間	澁谷果歩	828
54	010054	株式会社WILL	176546	RBB154	我慢汁垂れ流しの気持ちいいフェラチオ160連射8時間	澁谷果歩	256
55	010054	株式会社WILL	176685	CJOB043	ノンスキンOK!!ソープ限定ご奉仕マットSEXでドピュドピュ無制限中出ししてしまったボク	澁谷果歩	807
56	010054	株式会社WILL	177659	JFB174	こっそり生ハメ中出しさせてくれる爆乳キャストBEST8時間	澁谷果歩	6,750
57	010054	株式会社WILL	178048	PPBD159	射精寸前の超快感パイズリラッシュ100連発	澁谷果歩	370
58	010054	株式会社WILL	180894	BBSS021	ビビアン5周年 厳選100タイトル レズビアン ベスト8時間	澁谷果歩	238
59	010054	株式会社WILL	182287	VVVD170	引き裂きアナル拷姦 神BEST 8時間2枚組 Vol.3	澁谷果歩	8,100
60	010054	株式会社WILL	183375	RBB164	美しいカラダ。形良し大きさ良し乳首良し!! これぞまさに神乳8時間	澁谷果歩	1,265
61	010054	株式会社WILL	184233	MIZD151	超硬フル勃起じゅぼフェラごっくん伝説 総集編8時間	澁谷果歩	5,785
62	010060	ジャパンホームビデオ株式会社	154708	(未定)	(未定)	澁谷果歩	7,875
63	010060	ジャパンホームビデオ株式会社	156290	(未定)	(未定)	澁谷果歩	463
64	010060	ジャパンホームビデオ株式会社	157867	(未定)	(未定)	澁谷果歩	3,150
202	050003	株式会社ケイ・エム・プロデュース	M303504	MKMP-259	厳選スーパーアイドル4時間 篠田ゆう2	澁谷果歩	1,211
203	050003	株式会社ケイ・エム・プロデュース	M303842	MDB-987	BAZOOKA夢の共演作BEST500分スペシャル2	澁谷果歩	642
204	050003	株式会社ケイ・エム・プロデュース	V301004	KMVR-410	KMP VR 売上TOP25 スーパーBEST	澁谷果歩	964
205	050003	株式会社ケイ・エム・プロデュース	M303920	REAL-692	鬼イカセ×緊縛鬼イカセ スーパーコンプリートベスト全87作 8時間	澁谷果歩	506
206	050003	株式会社ケイ・エム・プロデュース	M303974	MDBK-002	完全保存版プレミア人気女優25名ベストバウト25SEX240分	澁谷果歩	1,260
207	050003	株式会社ケイ・エム・プロデュース	M304583	REAL-694	ノンストップ輪姦50人8時間 193射精	澁谷果歩	810
208	050003	株式会社ケイ・エム・プロデュース	M310083	MDBK-020	厳選!美しい日本の素人妻50人の50セックス 500分SP3	澁谷果歩	900
209	050003	株式会社ケイ・エム・プロデュース	M310399	MDBK-030	男たちの願望を全て満たしてくれるBAZOOKA式風俗案内所!!	澁谷果歩	828
210	050003	株式会社ケイ・エム・プロデュース	M312129	ERGC-009	膣奥射精保証! 美女×中出しベストコレクション	澁谷果歩	1,200
211	050005	(株)A&T	M302712	WA－391	仮)アナル オムニバス	澁谷果歩	2,863
212	060036	株式会社エスエムエス	1801862	NBES-004	僕のねとられBEST2	澁谷果歩	10,125
213	060036	株式会社エスエムエス	166078	KRBV-286	東京都女子校内撮影 じゃれ合いおふざけエロ動画 男子の目線を気にせず無邪気にエロふざける制服美少女 大増量480分！総集編 厳選制服美少女308人収録	澁谷果歩	121
214	060036	株式会社エスエムエス	166079	KRBV-287		澁谷果歩	470
215	060036	株式会社エスエムエス	167344	KRBV-288	ヌキどころ一気に見せます！ KARMA総集編 vol.25	澁谷果歩	256
216	060036	株式会社エスエムエス	167346	TURU031	実話再現NTRドラマ トラウマックス 爆乳ネトラレBEST	澁谷果歩	15,750
217	060036	株式会社エスエムエス	169514	KRBV-291	悪徳エロ歯科医師撮影 美人患者を眠らせて悪戯する動画 8時間63人の記録	澁谷果歩	470
218	060036	株式会社エスエムエス	171513	TURU035	熟女はつらいよ6周年映像集2017〇〇タイトル映像集	澁谷果歩	140
219	060036	株式会社エスエムエス	174121	KRBV-296	[illegible]	澁谷果歩	880
220	060036	株式会社エスエムエス	176141	TSPH085	11周年の軌跡！2018年全部見せ30タイトル	澁谷果歩	385
221	060036	株式会社エスエムエス	178249	KRBV-301	ヌキどころ一気に見せます！ KARMA総集編 vol.26	澁谷果歩	261
222	060036	株式会社エスエムエス	181085	KRBV-304	睡眠薬を悪用して意識昏睡させた美女を犯すレイプ流出ビデオ 480分収録 被害者108人	澁谷果歩	460
223	060050	株式会社ドグジーピクチャーズ	161022	XRW-527	超・絶頂シリーズの拘束椅子とセックス	澁谷果歩	6,300
224	060050	株式会社ドグジーピクチャーズ	176391	XRW-664	REAL セレクションこれはよかった30人300分	澁谷果歩	1,161
225	060050	株式会社ドグジーピクチャーズ	178365	XRW-689	REALオーガズム300分 ―特選エクスタシー―	澁谷果歩	2,117
226	060096	(株)CONT	165232		亀頭が我慢汁でぐちょぐちょになってしまう小悪魔パンチラ挑発コレクション ガチガチに反り立ったち●ぽで禁断の生中出しSEXまでしちゃった奇跡のシチュエーション15話8時間長尺	渋谷果歩	2,400
227	調整金	調整金					46
228							**386,362**
229							
230		調整金とは、二次利用報酬のお支払い後にメーカー提出書類の訂正が行われ、分配金の見直しをした際に生じた実支払額との差額になります。					
231		本来の金額より多くお支払いしている分となりますので、次回この金額は、相殺されます。					
232							
233			第1期		二次利用報酬合計 130,999　源泉所得税徴収後のお支払額 118,615		
234			第2期		二次利用報酬合計 141,291　源泉所得税徴収後のお支払額 127,934		
235			第3期		二次利用報酬合計 114,072　源泉所得税徴収後のお支払額 103,485		
236				計	二次利用報酬合計 **386,362**　源泉所得税徴収後のお支払額 **350,034**		
237							

AVANから送られてきた「2018年1月～2019年6月二次利用報酬対象作品」リストの一部。

全223作品、総額38万6362円です。巨乳、人妻、潮吹きジャンルが多い!?

送ってくれた各内訳のタイトルリストはこちら。これでも一部ですが、なるほど、私はこういった作品で選ばれたのか〜。巨乳と人妻ばっかりやな？

こうした二次使用料や、日本ではまだ認められていないネット配信でのロイヤリティって、言い方を変えれば、「女優を引退してからも稼げる！」ということ。ＡＶ女優という仕事は「今しか稼げない」と思われがちですが、アーカイブを使って後々まで稼げるようになれば、「若いうちだけじゃなくて、その後もずっと稼げるんだったらＡＶ女優も悪くないな」と思う人もいるかもしれません。風俗の仕事にこういう可能性はないでしょうし、映像の権利を自分でコントロールして収入が得られれば、若いときだけの贅沢でなく、老後の資金にもなります。

ＡＶ女優もエージェント制にするべきか

ＡＶ出演強要問題を受けて、ＡＶ監督の安達かおるさんが立ち上げた「一般社団法人　映像制作者ネットワーク協会（ＣＮＮ）」という団体があります。安達監督や参加者は、ＡＶメーカーや販売業者などから成り、著作権保護などの活動を行っている「知的財産振興協会（ＩＰＰＡ）」に加盟せず、独自の審査基準で作品を送り出してきた人たち。ＡＶの健全化をめざす「ＡＶ人権倫理機構」とは異なる方向性で、「法令遵守と作品づくりに関わるすべての人々の権利を擁護するために、講演や勉強会を中心とし加盟する法人・個人が守られる環境作りのために研究と活動を進めます」というのが、この団体の方針だそうです。

ここでは定期的に勉強会を開催していて、私も一度、お声がけいただきゲスト参加したことがあります。その時は「AV女優は事務所に所属するよりも、エージェント制にするべきだ」という意見が主題でした。「映像の権利は個人が持つ」という海外ポルノ業界を理想として、女優が権利を主張していくべきだと。

ただ、そうなってしまえば事務所が女優から搾取できなくなるし、マネジメント側の存在価値が減るため実際にはむずかしそう。二次使用料の件も、事務所ではなく女優に直接入金されるようにするために実現しにくかったという背景があります。現在も「警察に捕まるくらいなら女優にもっとお金払おう」という渋々の流れでしかない。エージェント制までの道のりは長い気がする——。ただ、映像制作側の人にとっても、女優と直接交渉できる方がやりやすい面もあるとわかっただけでも前進です。

考えてみれば、自分のヌード映像の権利をほかの誰かが持ってるなんて嫌なもの。だから、自分で権利を持てるエージェント制は、将来的に実現できればいいと思います。どうしても黒歴史になりがちな職業だからこそ、女優自身ができる限りの保険をかけておくべきでしょう。

第6章

AV出演強要問題について

AVは労働者派遣法違反!?

２０１６年にＮＧＯ団体の「ヒューマンライツ・ナウ」が「アダルトビデオ（ＡＶ）撮影の強要と女性に対する人権侵害」として提出した報告書をきっかけに湧き上がった「ＡＶ出演強要問題」。これ以降、ＡＶ業界は大きく変わることとなります。

その強要問題がきっかけで起きたのが、２０１６年のバコキャン摘発。「バコキャン」というのは『バコバコ中出しキャンプ』というＡＶ作品のタイトルで、山中で中出しセックスする撮影が公然わいせつだとして女優９人、男優24人など、なんと総勢52人が一斉に書類送検されました。

まずその前に、２０１３年9月30日から相模原市のキャンプ場を2日間借り切って行われたこの作品の撮影に参加した女性が、出演を強要されたと警視庁に相談したことを受け、２０１６年６月にＡＶプロダクション「マークスジャパン」の元社長たちが労働者派遣法違反で逮捕されています。この件のポイントは「所属していた女性を、実際の性行為を含むＡＶ撮影の現場に派遣したこと」そのものが労働者派遣法違反とされたことです。

労働者派遣法は、性行為を含むＡＶへの出演を「公衆道徳上有害な業務」として規制しているという考え。それでは、出演している女性は存在そのものが有害なんでしょうか……。とはいえ、捜査当局がＡＶプロダクションの捜査に労働者派遣法違反を適応するのは異例のことでした。ＡＶ出演強要問題になにかしら対処しなければ、という意図が見受けられます。

ただ、脅迫でなく強要というのは「コミュニケーションのすれ違い」という言葉で片づけられてしまう曖昧さを持ち、互いの話を聞いても平行線だし、なかなか判断が難しい。それに対して、「野外でセックス撮影」というのは決定的な事実ゆえ、しょっぴきやすかったのでは？と予想されました。事実、「キャンプ場という人目に触れる可能性がある場所でＡＶを撮影した」という公然わいせつ幇助の疑いで、同作の制作会社の社長と出演者らを含めたスタッフなど50人を超える業界人が警察に捜査されたわけです。

警察からの連絡を無視していた女優は、親バレしていなかったのに実家の両親へまで電話されて修羅場だったとか。他にも署で話をさせられ、男性の刑事に「中出しホントにしてるの？え、大丈夫なの？」と聞かれたのが「セクハラじみてて嫌だった」と不快な思いをした子もいたりと当事者たちはうんざりしていましたが、全員が「強要性はなかったか」と確認されたのが重要です。やはり「強引なＡＶ出演」という社会的テーマが最も問題視されていたのでしょう。

しかも出演していた複数の女優たちは事情聴取の際、全員が「ちゃんとＡＶの撮影だとわかって参加していて、騙されたわけじゃないです」と言ったにもかかわらず、派遣された業務自体が有害だと摘発されてしまった。そんなことを言い出したらＡＶなんて全部ダメなはずなのに、今も存在しつづけているのが不思議ですね。風俗と同じく、あまり目立たず社会的な問題を起こさなければやっててもいいよ、といったスタンスなのでしょうか。

ともあれ、バコキャン摘発の影響により、業界は「人に見られる可能性のある場所での撮影は完全アウトだろう」と判断。敷地内でも野外撮影はＮＧという意識になっていきました。私のデビュー作はスタジオの中庭でも着替えシーンを撮影してたんですけど、いまでは難しいでしょうね。ただ、内容の生々しさが売りの企画作品だと、見張りを立ててこっそり外で撮ったり、背景をすべてモザイクにしたりと粘っています。

メーカーは一度摘発されてしまうと、その後も社名で検索され、警察からのチェックが入りやすくなってしまいます。だからAVの会社って、よく名前を変えるんですよ。バコキャンで摘発されたAV制作会社「CA」も名前を「WILL」に変えています。AV事務所の名称が変わるのも同じ理由です。

実は私もこの時期に「バコバス」という同じ系統の作品に出演していて、もう撮影も終わっていたんですが、この摘発を受けてお蔵入りに！　全力を尽くしたし、心を揺さぶられた思い出の一本だったので、すごく残念でした……。それについては最後の章で綴らせてください。

あいまいな「違法」のライン

「バコキャン」の摘発で、あわてて野外撮影NG！　となったように、実はAV撮影現場での「ここまではセーフ、ここからはアウト」という線引きは、実際に警察の検挙がないとわかりません。正直、映像をチェックする人によって基準が違ったりもするようだし、摘発自体が見せしめ的な部分もあるので、業界側としてもどこにどう気をつければいいか手探りなんです。

そこで「外ロケは危ない」となったら、窓に景色が映っているだけでもダメとか、極端な方向に走ってしまう面もあります。メーカーによって基準も違うので、性行為中だけ窓の向こうの景色がモザイクになっていて、普通の会話シーンになると元に戻っているものもあれば、会話シーンもＡＶの一部だからと人物以外のまわりが全部モザイクになっていたりもする。「ＡＶ女優がロッキー山脈へ宝探しに行く」という一風変わったＡＶ作品があるんですが、これなんて予告編の背景が全部モザイクなんですよ。ただの予告編で全然エッチなこともしてないのに、背後のロケーションがバレてしまうとロッキー山脈に迷惑をかけるから映しちゃいけないと。ちなみにその作品、タイトルも『ＡＶ女優がコ◯ラド州◯ッキー山脈で宝探し』と場所は伏字になってました。作り手側も何が違法なのか不明なので、過剰な防衛をしてしまいがち。チンマン以外にもモザイクをかけなきゃいけないって大変ですね。

バコキャン摘発で〝有害業務認定〟の烙印を押されたため、「ＡＶから本番行為が消えるのでは」と業界人が騒ぎ出しましたが、本物中出しが減っても本番までは消えることなく残っています。制作スタッフには「いっそ国が『本番禁止！　それは犯罪です』ってハッキリ言ってくれれば辞めるけど、曖昧だから困る」とボヤいている人も多くいました。

グレーな世界ゆえに普通の仕事より儲かるのだから、ホワイトになればギャラ払いはますます悪くなるでしょう。それでも摘発や事件化を防ぐため、ＡＶ業界には少しずつ漂白剤が加えられています。

ＡＶ人権倫理機構

強要問題を受けて２０１７年４月に発足した「ＡＶ業界改革推進有識者委員会」は、その後、「ＡＶ人権倫理機構」と名前を変え、現在も第三者機関として活動中です。

現在、このＡＶ人権倫理機構が策定するルールに沿って作られたＡＶが「適正ＡＶ」と呼ばれています。同ルールはＡＶ女優の求人から撮影、販売などにいたるまで、「出演者の人権に適正に配慮する」もので、多くのＡＶメーカーが、この「適正ＡＶ」のルールに沿って映像作品を制作している。

ＡＶ人権倫理機構はこのほかにも、プロダクションに所属していないフリー女優をメーカーが起用する場合の契約書やルール作り、前章で触れたオムニバス作品などの制作時に女優へ二次利用報酬の支払いを義務づけるなど、いろいろな活動をしています。

そのひとつが作品販売等停止の申請。過去の出演作の販売停止をしたい場合、ＡＶ人権倫理機構所定のフォーマットを使って依頼すれば、メーカーとのやりとりなどを手続き費用無料（申請書の郵送などの実費はかかります）で代行してくれるのです。

そこで私も、前章で触れた海外ネットへの流出作品に関して、実際に「ＡＶ人権倫理機構」で配布している作品販売停止申請書に記入後、申請してみました。

申請対象は、ある人妻ドラマメーカーの出演作。Pornhubに違法ダウンロード作品の削除依頼をしたところ、この作品だけは海外へＡＶを字幕付きで販売する会社から「メーカーの許可を取って各サイトへ流している」と反論されたのです。

そのこと自体にも驚きましたが、同作品は私が当時の事務所によって入れられたアイドルグループを脱退するための条件として撮らされたもの。加えて撮影当日は、39度近い高熱で気管支炎によって声も出せないのに、ドラマ部分での演技やナレーション録りなどを強いられる状況でした。私にとっては不快で精神的強要といえる唯一の現場がこの作品。当時すでに〝AV出演強要問題〟という単語が業界をおびやかしていたなら、同ワードを印籠のように出せていたでしょう。でもあのころ、その選択肢はありませんでした。

作品販売等停止申請にトライしてみた

そんな嫌な思い出の一作をインターネットから削除するため、まずはAV人権倫理機構のHPから「作品販売等停止申請書」をダウンロードして、必要事項を記入します。

申請を出す作品が1本で済まない場合は、別紙リストに記入する必要があります。つまり、企画単体を経て計200本以上の作品に出演したであろう私は、いずれこの紙を埋める果てしない作業と向き合うのでしょう……。ここで初めて「ずっと単体女優なら楽だったのにな」と専属でない面倒くささを痛感しました。

申請書を送ると、AV人権倫理機構事務局から次のような内容のメール返信がありました。


この度は「作品販売等停止申請書」のご送付、ありがとうございました。

今後、こちらのメールアドレスにてやり取りをさせていただきますので、よろしくお願い致します（電話や郵便物等を送ることはございません）。

作品販売等停止申請書

AV 人権倫理機構　御中

申入れ年月日：　2020 年　3 月　15 日

出演時女優名：　澁谷 果歩

本　名：[redacted]

生年月日：[redacted]

元所属プロダクション名：[redacted]

連絡先メールアドレス：[redacted]

代理人申請の場合、代理人お名前：

私は、下記の理由により、出演した AV 映像作品の販売、レンタル、配信の停止（以下、販売等停止という）を申し入れます。

販売等停止を希望する作品情報を記入して下さい。（複数の場合、別紙をご用意下さい）

作　品　名：[redacted]

英語タイトル：KAHO SHIBUYA CHEATING WIFE SEX MONTAGE WITH PARAMOUR

メーカー名：[redacted]

該当する女優名：　澁谷 果歩　/ Kaho Shibuya

参考 URL：[redacted]

希望する項目の□にチェックをして下さい。（複数チェック可）

販売等停止を希望する媒体

□販売

□レンタル

□インターネット動画配信（主なサイト名：pornhun ほか xhamster や youporn、tube8 など Google 検索だけで様々な海外無料ダウンロードサイトで同タイトルを確認）

（サイト URL：https://www.pornhub.com/view_video.php?viewkey=ph5e4064c65b2ba）

販売等停止を希望する理由

□親、親類、友人などに本人特定された（いわゆる身バレ、顔バレ）ため

□学生生活への支障のため

□婚約、結婚のため

□就職、転職のため

□社会からのバッシングへの不安のため

□販売等の期間が長期にわたるため（約　　年　　月経過）

□その他（①海外の無料ダウンロードサイトへ意図的かつ積極的に配信しているため
②撮影に至る経緯と現場での無理強いが非人道的であったため）

注意事項　申請内容を当機構で確認、検討し、販売等停止相当と判断された場合、販売等停止を権利者メーカーへ要請致します。但し、適正 AV の枠組み外のメーカー、プロダクションの場合や他出演者の権利関係が絡む場合などで販売等停止ができない場合がありますことを、予めご了承ください。適正 AV の枠組みメーカーかどうかを確認されたい場合は、当機構 HP よりお問い合わせください。（https://avjinken.jp/contact.php）

私が実際に提出した「作品販売等停止申請書」。ここで販売等停止を希望する理由の「その他」にチェックを入れたため、その詳細を返信するよう求められました。

さて、ご送付いただきました申請書内容にて情報を確認し、販売停止を申請する作品の権利メーカーが当機構の枠組み内のメーカーかどうかをお調べ致しました。

その結果、申請された作品につきましては、当機構の枠組み内メーカーの可能性がございますので、販売停止申請の対象作品となります（最終的な確認は、各メーカーに停止申請の相談を行う際に同時に実施されます）。


なお販売停止は、日本国内他、海外（特に中国や台湾など）で多く展開されている著作権所有メーカーに無断で配信している違法サイト（ウィキペディア類、SNS類、まとめサイト類のようなメーカー非公式サイト含む）や、コピー商品などの海賊版DVD等につきましては、権利者メーカーでは対応ができません。

従いまして、以下のサイトはこれに当たり当機構では対応できません。

- https://jp.pornhub.com/
- https://jp.xhamster.com/
- https://www.youporn.com/
- https://jp.tube8.com/

また、既に第三者が購入済の中古商品をマーケットプレイス等で販売している場合や、レンタル商品でお店が商品を購入済の場合などは、所有権がメーカーから移っていますので、こちらも対応することはできませんことを予めご了承下さい。

以上をご了承頂いた上で作品の停止申請をご希望でございましたら、引続き以下2点の手続きをお願いできますでしょうか。

①販売等停止を希望する理由を具体的にお願い致します。
ご記載いただいた理由は、作品の権利メーカー様にお伝えします。
申請書に補足記載していただいた内容、あるいは申請書に同封いただいたお手紙等がある場合には、内容が重複しても構いませんので宜しくお願いします。

②本人確認書類コピーのご郵送をお願い致します。
免許証、パスポートなどの「顔写真入り公的身分証明書」のコピーをお手数ではございますが、郵送をお願い致します。
本人確認証に記載されているお名前が、撮影時のお名前と異なる場合（たとえば結婚して名字が変わった等）は、空欄に撮影時のお名前を記載してください。

上記2点の提出期限は本メール送信日から6ヶ月後とし、期限超過をもって申請は失効となります。

それに対して、私の方からは販売停止を希望する理由をかなり具体的に記したメールを返信。その後、一月半ほどして無事に作品の販売と配信停止をしてもらえました！

実際に販売等停止申請をしてみて、いろいろと手間はかかりますがＨＰには作成例もあり、ＡＶ人権倫理機構が丁寧に対応してくれることがわかりました。ただし返答まで日数がかかりますし、結局はメーカー判断になるため削除が確約されるものではない。それでも用意された正式な申請方法ですから、こちらに頼らない限り希望は見えないでしょう。

企業が気にするのは世間体とかコンプライアンスなので、引退してもタレントなり活動中の、ＳＮＳで発信できる元女優の方が消してもらいやすい傾向にあります。アカウントがすべて消えて発言する場がない子だと、目立つ作品だけ消しておいてＶＲやダウンロードだけ少し残しておくことがあると、メーカーの人が実際に教えてくれたことも。

またメールにも記載されているように、海賊版の販売やユーザーによる中古商品の販売、違法サイトへの流入などは、ＡＶ人権倫理機構だろうと対応はできません。

業界内部の動き

業界内部でも、ＡＶ出演強要問題を受けて元ＡＶ女優の川奈まり子さんが代表となり、ＡＶ女優や男優らの団体「表現者ネットワーク（ＡＶＡＮ）」が設立されました。「表現者が意思に反して出演を強いられることは、絶対に許されません」といった内容の声明を出すなどの動きをしましたが、それをプロダクションなどに非難されてしまった。川奈さんが直接、女優さんにコンタクトを取ろうとしたことが業界内の反感を買ってしまったようです。女優の声を直接聞くのがいいと思ったのでしょうが、それでは事務所の立場がなくなってしまいます。この、女優本人に直接電話したり、DMを送ろうとしたスタイルが疎まれたようだ、という話を制作や事務所サイドの人たちから聞いています。

AV業界では「女優と話すなら事務所を通せ」「プライベートではやりとりしないでくれ」というのが基本スタイル。女優に独りで動かれてしまっては、立場がなくなるわ、取り分も折半とは言いにくくなるわ、事務所は商売あがったりなのです。

一方、プロダクション側では2017年4月に主要なAV事務所を集めた「日本プロダクション協会（JPG）」が一般社団法人として設立されました。「AV強要はない」と清く正しいマネジメントを自称し、メジャーな作品を意味する「適正AV」に出られるのも、この協会に属するプロダクションだけだと決められました。

しかし同協会会員の法人代表者自身が2018年4月にAV出演強要問題で逮捕。当初は所属する14のプロダクションだけが「適正プロダクション」として大手メーカーと契約できる、つまり甘い汁を吸える派閥的ギルドだったものの、加盟メンバーの逮捕によって立場がなくなったのか、急に40社まで拡大しました。

また、2018年2月の発足イベントでは、各プロダクションから代表女優が2人ほど出演しファン対応をしたのですが、そのなかには引退後すぐ作品削除に至った女優もいたため、あくまでもパフォーマンス団体という印象でした。ちなみにＪＰＧの40社に入っていないプロダクションは「第二プロダクション協会（ＳＰＡ）」を発足し、そちらに属しているので、業界組織図はすべて〝言ったもん勝ち〟感が否めない。

しかしキナ臭さはあっても、ＡＶ事務所がコンプライアンスを気にして運営しなくてはいけない状況までできたのは進歩といえます。２０２０年3月以降のニュースで、コロナ禍中の撮影に関して何のガイドラインも出していないのが少し残念ですが、現在も健全アピールのため、どの協会も活動継続中です。月1で各プロダクションの社長が集まって会議をするため事務所間のつながりができ、合同イベントや女優の移籍が話し合いやすくなりました。それらはＡＶ出演強要防止とは直接関係ないけれど、非常にいい副産物でしょう。

強要問題は勧誘するＡＶプロダクションが悪者になりがちですが、実際に業界で仕事を回しているのはその人たち。主演女優の営業活動をするのが事務所なので、彼らマネジメント側が動かないと業界自体が回りません。だからこの問題に業界として取り組むのはどうしても難しいのです。できることは女優が辞めても文句を言わないアフターケア、つまりタレント活動のサポートだったり二次使用料の支払いといった部分になる。

前述のＡＶＡＮも代表は変わりましたが、ＡＶ人権倫理機構の外局としていまも活動しています。ＡＶ女優がサインした重要な資料、データを保管したり、先ほど触れたＡＶ作品の二次使用料支払いに関しては頼りになる存在。女優自身が自分の名前で二次使用料の未払いがないかどうか検索できる「女優二次利用報酬　未払い女優名検索ページ」なども開設してくれました。

今は事務所を離れた元女優さんでも大丈夫です。二次利用報酬はプロダクションを通じてではなく、女優個人の口座に振り込まれる出演者だけの権利。過去にAV出演して事務所から逃げるように辞めてしまった人も、当時の女優名で検索してみてください。ちなみに2020年2月7日の毎日新聞の記事によれば、その時点で2649人の女優に二次使用料が支払われていなかったそうです。

強要告発に対する魔女狩り

AV出演強要問題に関しては「被害を受けた経験があっても明かしてはいけない」というのが業界内部では暗黙のルール。やっぱり自分たちが稼げる業界を守りたいという気持ちがあるし、事務所に所属する現役女優は騒いで問題を起こすわけにはいきません。結果、「強要なんて聞いたことない」というテンプレが使い回されました。反対に「強要問題はある!」と主張しているのは、辞めたフリーの人ばかり。ここには根本的な温度差があって、なかなか交わることはありません。

2017年、女性向け情報サイトに『AV業界女子座談会』という記事が掲載され、注目を集めました。AV制作会社の元社員、元AV女優、そして現役のフリーのヘアメイクというAV業界内部を知る女性3人による座談会では、「暴力での強制はないにしても、撮影内容を知らせないまま事務所の人間が女の子を現場に連れてくることはある」「手のタレントのモデルだって聞いてきたんですけど、という女の子のAV撮影をするとか、普通にあった」などの内容が語られていました。業界人だった私は「これは匿名だから話せる真実だ」とすぐにわかり、記事の内容をすべて保存したほどです。

しかしこの記事は公開から1週間もしないうちに削除されてしまいました。記事公開後、「やはり個人を特定される危険性があり、公開を中止してほしい」という出席者からの要望があった、というのが理由です。元大手メーカー社員、元企画単体女優といった業界を離れた人間に加えてフリーランスのヘアメイクである現役スタッフもいたため、身内の報復を恐れたのでは。たしかにこれらの記事には女性3人が話している写真が載っていて、顔は隠れているものの、髪形や服装そして肩書で業界人ならある程度の予想を立てられました。

私自身、複数の女優から「実はね、最初はAVだってこと知らなかったんだ」と明かされることがあります。そのときに嫌と言えず押し切られてしまった、そしていろいろな理由で続けてしまったとはいえ、彼女らにしてみればデビュー後も「騙された」という意識が根強く残っているんです。それを「無理やりやらされた人間なんていない」と全否定してしまうのには、違和感を感じてしまう。「後から強要だったとか言うなんてずるい。そのときに断れなかったのが悪い」という意見もわかるのですが、誰もがヤクザ風味で強面な大人を前にして、はっきり「NO」と言えるわけじゃありません。

実はバコキャン摘発のきっかけになった元女優の「出演を強要された」という事実は、関係者によると「婚約者にAVの過去がバレてしまい、『騙されて出演した』と嘘をついた結果、相手の男性が作品を販売停止するために警察に届け出た」ものだったそう。これは彼女と同じプロダクションの所属女優や、摘発された女優たちがツイッターなどで実際に発言していたことです。

発端となった告発ツイートは「この件に関してはそういうこと」と、強要問題そのものがすべて嘘だというわけじゃない、という含みを持たせた内容だったのに、それに続いた様々な声が「500本も出てるのに強要なわけねーじゃん」「騙される方がアホ」「無理矢理AV出演なんてあるわけない」と、いつしか告発女優へのバッシングや、強要問題自体をあたまから否定する危うい方面に向かいました。

ちなみに同女優の経歴を調べると専属デビュー同年に無修正出演していたり、ブログとツイッターを削除して表舞台から消えていたりと、現役時代もいろいろと葛藤があったであろうことは推測されます。出演作が500本といっても総集編などオムニバスを含めた検索結果なので実際の撮影日数は半分以下だと考えられるし、キャリアが長いというのは「辞めさせてもらえなかった」ということも想像し得る。

仮に彼女が強要に関して嘘をついていたとしても、AV業界が世間を動揺させてしまったことは変わりません。このたったひとつのケースが強要でなかったとしても、ほかの女優の出演契約すべてが合意だという証拠にはならない。ニュースで被害者としてあつかわれる女性をよってたかって糾弾する空気には、「ますます世間からAVが反社コミュニティだと思われてしまう」なんて不安を覚えました。まずは業界人の逮捕で世間を騒がせていることに対する謝罪をするのが常識的な行動なのに、謝罪もせずに元女優を嘘つき呼ばわりするばかりでは、どうしても業界側が悪者に見えてしまいます。

女優が楽しそうに仕事しているように見えても、本人でなければその心の内はわかりません。鬱病に伴う躁状態という可能性だってあるし、表面的に見えるものだけが正解ではない。「やめて！　帰らせて！」と手足をバタつかせて泣きわめかない限り強要ではないと安易に決めていいものか？　個人情報に敏感な社会で、顔だけでなく、モザイクがかかっているとはいえ性器までさらすのに、抵抗感を抱くなというのもおかしな話です。

ＡＶ出演強要問題の告発が出たときに、「嘘つき！『これからがんばります』って何本も出演してたくせに！」と憤るのではなく、「無理して愛想笑いしていただけなのかも。今は幸せだといいな」と考えてあげられる人が少しでもいれば、業界の自浄作用は高まるのではないでしょうか。

バリバリにアイドル活動をしていて、「自分はＡＶのおかげでこういう活動をできている」と十分理解していながら、裏では「私は騙されて入ったから」と聞いてもいないのに自ら公言する現役女優もいます。

彼女いわく、「最初はＡＶと知らずに入ってしまったけれど、今こうして楽しく仕事ができてるし感謝してる」と。実はこういう子は、タレント志望で騙すようにＡＶへ誘われたパターンに多く、決してめずらしくありません。「おかげで芸能活動できているし」とか、「ファンもできたし」って、現在進行形だから前向きになれる。

けれど、そんなふうにポジティブな意見が言えるのは本人が今も仕事を続けているから。「有名になれるよ」「テレビに出られるよ」と騙されてAVに出演し、結局は成り上がれず辞めていった子たちだって存在します。もちろんそれは個人の実力不足という部分もあるかもしれませんが、彼女らが泣き寝入りして、AVに出た過去を黒歴史としてだけ背負っていかなければいけないのは、とても悲しいことです。

「スカウトなし」≠「強要もない」

私がデビュー時に入った事務所は、「うちはスカウトしないので、全員応募。だから強要はありません」と言っていましたが、実際にはAVの応募ではなくて、パーツモデルだったり私のようにアダルトグッズモニターの募集で来た子たちをひっかけているわけで、結局はスカウトみたいなものなんですよね。道端でランダムに声をかけていないだけで、すでに面接室まで来ちゃってる分、逃げにくいから女性としては余計に怖いもの。

逆にプロダクションからすると、このやり方は非常に都合がいい。まず「高収入アルバイト」といううたい文句でひっかかっている子たちなので、お金に興味があることがわかります。また「お手軽」「即日払い」をうたっていれば、今すぐにでもお金を欲しがっているのも見受けられる。パーツとはいえ手足や胸を見せる、またアダルトグッズモニターに応募してくるんだったらエッチなことにも興味があるだろう。それでルックスがよければ、こんな助かる人材はいないわけです。

事務所側からすれば、高収入バイト募集で来た子ならAVにつなげやすいだろうと考えるのでしょうが、女の子側からしたらアダルトグッズモニターとAV出演って、天と地ほどの差がある。エッチなことに興味があるのと、世間に向かって裸をさらすのは全然違います。でも面接担当の人が長く説明してくれるから、時間を取らせて悪いし、とりあえず登録だけしてみようかなと思ったら、その日のうちに宣材を撮りに行って、AVメーカーらしき所へ面接に連れていかれ、今さら断れないな……となってしまうのは、スカウト行為より強要の温床になりかねないと私自身は懸念しています。

ただ、昨今はAV出演強要問題の影響で「面接に来た当日に契約書を交わしてはいけない」のが大手プロダクションの共通認識。登録だけだとしても、なにか法的なことやルールが記された紙にサインしなくてはいけない状況になったら、「いっぱい文字が書いてあるし、専門知識もないので、いったん家に持って帰って読んでもいいですか?」と聞いてみましょう。常識的な事務所なら、受け入れてくれるはずです。

基本的にAVはまわりに黙って始める仕事だから、書類を家に持ち帰ったりするのは難しい。でも少しでも悩んでいるのなら、早めに距離を取っておかないとどんどん断りにくい状況になってしまいますよ。

変わらざるを得なくなったアダルト業界

AV出演強要が社会的な問題になったことで、業界は変わり始めています。今はむしろメーカー側が強要を止めようとしてくれているんですよね。事務所は女優が1人辞めてもすぐ新しい子が入るので経済的に大したダメージはないけれど、大金をかけて撮影した作品がお蔵入りになって誰よりも困るのはメーカーの方。

業界最大手メーカーでは、作品への出演契約をする段階で、「バレる可能性がありますよ」という内容を含んだ契約書を音読させられるようになりました。そこには「この段階でもNOと言えますからね」ということが書かれていて、撮影前の女優に助け舟を出している。もちろんその後、再び事務所に説得されることもあるかもしれませんが、少なくともその段階でNOと言えれば、メーカー側も「こう言っている子を撮影するのは危ないかも」「もしかしたら自分たちも捕まってしまうかもしれない」と予感し、手を引く可能性は高くなる。

特に大手は、こういう対応が徹底しています。AV出演強要問題時に社長が逮捕され、撮影済みだった類似作品が発売できなくなったメーカーなどは特に敏感です。まだ痛い目にあっていない会社だとゆるいところもありますが、それでも業界全体のルールとして共通のテンプレを作り、根付かせようとしている。

最近では契約書をきちんと読んだことを証明するために、「契約書をちゃんと声に出して読んでください」と言われ、さらにその様子もずっと録画されています。これは強要があったかなかったかの証明をする裁判になった際、証拠として使えるようにという制作側の自衛のため。またこういった文言を読むときは、マネージャーは席を外さなくてはいけません。女優が常に事務所の監視の目にさらされているのは〝洗脳〟や〝精神的脅迫〟と見なされてしまうからです。

契約書の内容は「このＡＶに出演することで、それが友人知人など周囲の人にバレる可能性があることを理解しています」とか「やめたくなったらやめると言えます」といったもの。「撮影したけれど、それが世に出ることになったらやはり嫌だという主張は後からでもできます」とも書かれていたり。ようするに「逃げてもいいんだよ」ということが記されている。それがＡＶ出演強要問題がニュースになって以降、一番大きく変わったところだと考えられます。

撮影中にも「強要なし」の証拠ビデオが回される

２０１６年以降、他にも変わったことはいろいろあります。あるメーカーでは撮影中もずっとビデオを回すようになりました。強要がないことの証拠ビデオですね。ただ、絡みのシーンも撮影されてしまうので、それはそれで嫌だったんですけど……。その映像が万が一、無修正でどこかに流れてしまったら、リアル盗撮ビデオですからたまったものじゃありません。

そんなカメラの存在は居心地が悪い面もあるんですが、なにか気に入らないことをされそうになった時には「カメラで撮られてますよ」って冗談ぽく言ってこちらが圧力をかけることもできるので、それはメリットだったかな。ある現場で「水飲んですぐに潮吹いて！」みたいな、ちょっとわがままな監督がいて、その撮影は全体的に納得いかない部分もあり彼に腹が立っていました。だから「それ〝潮吹き強要〟になりますよ」ってビデオの前でカメラ目線で言ってみせたら、気まずそうな表情をして気を使い始めましたけど。まぁ結果出せるから渋々出したけど、少しだけ仕返しできて気分もちょっとよくなりました。

　また、撮影ごとの契約書が全メーカーで用意されるようにもなりました。それまでは小さいメーカーっていちいち契約書を作らないところばかりだったんですが、〝適正AV〟として認められるためには、今はどこも契約書が必要です。

　しかし大手メーカーは必ず撮影の前日までに契約書を書かなければいけないと決まっているのに、小さいところだとほぼ当日の朝で今さら感。前日までに契約書を書かせるところはしっかりしてるなと感心するんですが、そのために何回も制作会社へ行くのが面倒という短所もあります。特にAVにバイト感覚で出ている子って、ほかのバイトや学校の合間の時間に簡単に稼ぎたいと思っている女子なので、「今日もわざわざ契約書にサインするためだけに行かなきゃいけないの？」って面倒くさがってしまう。たしかに契約書にサインするためだけに千葉から六本木とかに足を運ぶのは面倒くさいし、撮影が忙しくて行くタイミングがないって女優もいるんですよね。

　もともとは大手も「契約書送るのでサインして送り返してください」という感じだったし、そもそも契約書を書くのもSMやぶっかけなどハードな撮影のときだけだったので、すべてにおいて書くようになったのは面倒くさい。簡単に撮影してパッと稼げるというお手軽感はなくなってしまったので、AVの旨味はなくなった感が否めません。

　また法的にはこういったサインも動画も「無理やり書かされた」となれば意味がなくなってしまうらしく、「AVはきちんと契約書にサインしたり、身分証明書を提出して行っているんですよ。ちゃんとしてるんですよ」という、業界の単なるパフォーマンスになりつつあります。

月に一度は必ず性病検査

もうひとつ、大きく変わったのは性病検査です。私は2014年7月ごろに初めてのAV撮影をしたんですけれど、そのときは女優は撮影時に検査表を持っていなくても構わなかった。男優さんはいろんな現場を渡り歩くので常に検査表を所持してなければいけないのに、女優はそれを求められませんでした。

女優でも検査が必要な場合は、貝合わせがある激しいレズもので女優同士互いの粘膜がこすりあわされる作品と、擬似でない本物の生中出しのみ。レズは1ヶ月以内、生中出しは2週間以内の日付が示された検査表をお互いに持っていなければいけませんでした。男優が相手なら検査表はいらないけどレズ絡みは必要って、ここでもまた女優だけ特別あつかいです。

そんな状況だったのが、強要問題関連の摘発を受けて撮影ルールがどんどん厳しくなって、今ではレズものもメーカーによっては2週間以内の検査表が必要。レズでも中出しでもない通常のAV現場でも、毎月検査に行って1ヶ月以内の検査表を持参しなくてはいけなくなりました。しかも、以前は検査代がメーカー持ちだったんですが、検査するのが当然になってしまったので、今ではすべて自費負担。しかもAVの場合は検査セットが決まっていて、たとえば業界御用達の新宿クリニックであつかう性感染症セットAだと、「B型肝炎／梅毒定性検査／HIV（抗原・抗体検査）／クラミジア／カンジダ／淋菌」の6種類で1万2050円。これが一番安価と言われているんですが、この金額を毎月払わなければいけない。お小遣い稼ぎ感覚の女優や、あまり稼げていない女優にとって、この毎月の検査代はけっこうお財布に厳しくなる。逆に売れっ子なら検査に行く時間を見つけるのが大変だし、遠方に住んでいる場合は都内へ検査に足を運ぶのも面倒でしょう。マネージャーがクリニックへ検査表を代理で受け取りに来ている姿も多く見かけます。

ちなみに強要問題以前はパッケージ撮影などで行為をしているようなシーンを撮影するとき、実際に挿入はしないからとコンドームは着けていなかったんですが、問題以後は現場のスタッフも気にするようになって「一応、着けておきましょうか」という感じになりました。強要問題をきっかけに性感染症などに関しても認識が甘かった部分がだいぶ正されたので、その点は評価すべきだと思います。

女優にもプロ意識が必要

ＡＶ出演強要問題を受けて業界全体がちゃんとしてきたことで、ＡＶ女優は楽して稼ぐ副業というよりは、きちんとしたお仕事っぽくなってきたといえます。だから、女性のほうもある程度の覚悟とプロ意識がないと続けていけない。それはいいこととして捉えたいですね。映像として裸や性行為が残るのだから、「簡単に稼げるアルバイト」感覚のイメージがそもそもまちがいだったといえるでしょう。

ここで言うプロ意識というのは、現場でいかに女優として演技やあいさつをきちんとするかなどのふるまいとは少し違う。たとえば毎月の検査代（1万2000円～）も、ちゃんと経費として落とせるんですけど、この業界は確定申告というものを行わない人だらけでして……。人気のベテラン女優さんでもしてなかったりします。そのせいで、しっかり申告したのを自慢気にSNSへ投稿する女優がいるくらい。国民の義務なのにドヤ顔してしまうのは、単にまわりがしていないせいです。

本来そういう面倒くさいことが嫌いで、「チャチャッとエロいことしてお金もらえれば」という考え方でAV業界に入る人材が多いために、そうなってしまうんでしょう。それと当然ながら職業柄、家族にバレたくないという理由もある。還付金振込通知書が住民票のある実家に送られてしまったり、同居している旦那さんに見られる可能性がありますから。

ここ数年、未成年の出演はNGとなり20歳から女優を採用（サバ読みで「18歳デビュー」などと書いてあっても成人済み）しているけれど、それでも平均年齢が低いから必然的に社会人経験のない人が多くなります。毎回AV撮影が終わったら翌日にギャラが振り込まれているという企画単体女優がいましたが、20代前半の彼女は「何も教えてもらってなくて……。ほかの事務所の女優さんが確定申告してると聞いて心配で」と困っていました。いまやプロダクションに求められるのは、女優が出演するAVの仕事を取ってくるだけじゃなく、社会人としての教育を与えられるマネジメントです。「うちの事務所はフレンドリーで、女優さんと皆でお花見に行きます♪」なんて所内イベントを開催するより、年度末の確定申告セミナーを開くべき。

事務所はそうやって楽しいサークル活動みたいな印象を持たせておいて、デビューした途端にプロ意識が必要だとか言い始めるんですが、そもそも募集のときに「気軽にやれるお仕事」と誘っておきながら、途中からプロ意識を育てようとしても無理なんですよ。「簡単にできる」とか「1ヶ月に1日の撮影だけでいい」って勧められても、結局はPRのためにブログやツイッターを始めなければいけなくなったりする。そこで毎日更新しないと「プロとしての自覚が足りない！」なんて言われてもね。だったら最初からプロを育てるつもりで、お手軽なバイトみたいな言い方をやめて、「AV女優はプロの仕事！　バレる覚悟がないなら始めるな！」っていう形で募集すれば、もっとうまくいくんじゃないかと思います。

女優に関しては、強要問題きっかけで規制が厳しくなり楽で稼げる仕事じゃなくなってきたけど、自分の身を守るべく権利を行使できたりと、なにかあれば闘えるようになりました。もう女の子が搾取されるだけの業界構図ではないのです。SNS更新だって面倒な部分があろうと、もしものときは告発をするツールになってくれる。

AVの仕事に向き合うことで得られるものは、お金以外に沢山あります。これから始める人は、ぜひ、それを見つけてもらえればいいな。

第7章

AV女優になって良かったこと

思い出のバコバス

最後に、私にとって撮影への向き合い方の転機になり、ＡＶ女優人生で最も心に残っている作品について書かせてください。それは奇しくもＡＶ出演強要問題のあおりを受けてお蔵入りになってしまったムーディーズの『バコバコバスツアー２０１６』でした。「完成品がすべて」という考え方から台本をＡＶ以外の現場でも取っておかない主義なのですが、実はこの作品のものだけは思い入れが強くて今も大切に取ってあります。そして、これが幻の作品になろうとは……。当時の自分よ、ナイス判断。

ついでに豆知識として、現場で直接受け取る最終台本コピーは情報漏洩防止のために通常処分されます。女優によっては記念としてコレクションしているので、お願いすれば持って帰っても大丈夫。現場がバタバタしていてスタッフさんが集め忘れている場合も多いので、メイクルームとかに置いて帰る人がほとんどです。前日にＰＤＦなどでメールに添付されて送られてくるから、証拠として保存するならそちらのデータ管理がベストかな。

バコバコバスツアー、略してバコバスは前年度に「AV OPEN」という業界内の賞レースを総舐めした人気シリーズで、専属女優と旬な企画単体女優を集め、そのときは総勢18人でした。プラス「裏バコバス」と呼ばれる、勃ちが悪かったり女優の嫌がるおイタをした男子が交代させられる〝控えチーム〟にも４人の売れっ子キカタンが対応するなど、贅沢なキャスティング。都外に１泊の２日間丸々撮影で、複数の温泉やプール、植物園付きの旅館と大きなバスを借り切ったうえ、撮影や広報スタッフが何十人も集まり、カメラを何台も回す。ＡＶ女優の出演料だけでも巨額になりそうな制作費による作品が発売できなくなったなんて、メーカーが再びの摘発を恐れて契約書などの手続きを厳しくしたのも理解できます。

バコキャンと違い、「キャンプ場じゃなく旅館だから大丈夫では？」と思うでしょうが、たとえばバスの走行中にフェラしてたりとか、公序良俗の乱れにひっかかりそうなことはしてたんですよね……。その一方で道路交通法には敏感で、必ずシートベルトを締めてくれだとか（パンツ脱がしにくい）、左右の席で順番を分けて、一方がエロいことをしてるときはそちら側だけカーテンを閉め、逆側のカーテンは開けておく（外から全ての視界をさえぎると道交法違反になって警察に止められてしまう危険性があるため）などしていました。

そんな本シリーズの売りは、様々なタイプの有名女優がよりどりみどりということだけでなく、〝ガチ素人男性参加型〟、それも監督やプロデューサーが審査する〝本気のオーディション制〟という部分です。なかにはほかの素人ものですでに出演経験のある、実は現場慣れした〝半素人〟も撮影を円滑に進めるために混ぜてはいるものの、彼らだってプロ男優として稼いでいるわけじゃない。選ばれた男性陣は待ち合わせ場所である東京・新宿までの交通費は自己負担でギャラもなしと、制作側からしたら唯一費用を削れる部分でもあります。

意外と地方からの参加者が多く、関西から来た男性に「新幹線代高かったでしょう？　夜行バスも身体が疲れるのに来てくれたんだ」と感激したら「いやでも、このメンツとの複数プレイを風俗でするって考えたら、いくら積めばいいのか……」と現金な言葉が返ってきました。

また、バコバス出演を誇りのように捉えてる男性が大勢だったけれど、顔バレしてしまうリスクを乗り越えてまで参加してくれたのがうれしかった。なんと私、この撮影でファンの人たちと触れ合って感動しすぎちゃって、あろうことかプレイ中に泣いちゃいまして……。

まず最初に心を揺さぶられたのは、「潮かけてくれてありがとう」と素人男性にお礼を言われたこと。それも1人じゃなく、列ができてたんですよ。潮吹きなんて濡れるし汚れるし、男優さんや現場スタッフだって嫌がることがある派手な絵を見せるだけの行為を、こんなに喜んでもらえるのかとジーンときました。

素人ものに求められるのは、我慢しても勃っちゃうとか早くイってしまうとか、それらをコントロールできる男優とは真逆の初々しさ。といっても緊張で勃起できないことだけは女優に失礼だし、なによりエッチが盛り上がらないからNGです。つまり早漏で何発も発射可能な体力のある男性が勇者になります。1回もザーメンを出せていないと控えメンバーと交代させられ、裏バコ行きが待っている。何度も勃ち上がって射精できる方が評価されるものの、さすがに精子の量は減っていくため、初日夜にした相手が「イク！」と言った後に外したコンドームを見るとほんのちょっぴりでした。

「え、何発目？」と驚いて尋ねたら「もう6回目で……」という彼。1日6射精という数字もさながら、タマタマを振り絞ったようなわずかな白濁液を見たら「がんばってくれたんだなぁ」という気持ちがこみあげてきて、それが涙になって溢れちゃったんです。隣で正常位で絡んでいた人たちもビックリして「大丈夫？」とマンにチンを入れたまま聞いてきたんですが、そりゃ訳わからないですよね。どこかを痛めたのかとか心配されてしまうタイミング。

「ごめんね、ごめんね。痛いとかじゃないの」と説明しながらも涙腺のゆるみは全然止まらないため、心配したお相手が近くに〝絡みセット〟としてゴムと共に常備されてるティッシュ箱を取ってきた。「それ、精液拭く用！」って気づいたら笑えて、ようやく悲しいとか痛いんじゃないんだって信じてもらえたようです。

そんなふうにいろんな人とそれぞれのドラマがあったせいか、最後のお別れでは私とあいさつするために潮吹きを超える長さの列ができるほど並んでくれ、一人ひとりの唇にチュッとキスをして笑顔で送りました。行きは男女同じ大型バスでも、帰りはバラバラのマイクロバス。女子が先発で男子が後発となったため、後部座席にいれば最後まで彼らの顔をギリギリまで見られます。気づいてくれるかなと期待して最後尾に座り、車が動き出すなか、手で作ったハートを後部ガラスに押しつけました。後で女性プロデューサーに「見えたよ〜、果歩ちゃんの愛が♥」と言われて恥ずかしくなったけど、向こうからちゃんと形がわかっていたならよかった。

最高だった現場の雰囲気

そもそもこの作品、オファーを受けた時点で一度断ってたんですよね。なぜなら覚えていますでしょうか、私がAV女優になった時のモチベーションは「男優50人とセックスする」こと。プライベートの経験人数50人と比較できるだけ同じ数を……という目標をとっくに超えてしまい、遂には素人男性の相手をする段階に来てしまったのです。そこで私は「素人とならAVじゃなくてもできるじゃん。もうAV女優を続ける意味がない」とデビューから1年半ほどのこの時期には引退を考えていました。

それでもバコバスは話題作だし、初めて男優さんじゃない相手との撮影を終えて辞めるという流れもいいかなと思い、出演することに決めました。事務所からすれば所属女優が出るだけで誇らしいシリーズなので、メーカーからは「相手が素人ゆえ緊張で勃たないかもしれないから、どれだけセックスするかの絡み回数は状況次第です」なんて女優が課される肉体労働の内容はハッキリしなかったけれど、ギャラも粘ってくれたようです。

ただ、小学生のころから「修学旅行って罰ゲームだな」と思うほど集団旅行が嫌いで、中学の臨海学校じゃ休憩中に同じ班のメンバーと会話するのが面倒になりトイレへこもりがちだったり、性格的に「複数の女優と共部屋にお泊まりなんて、やってけるかな」という心配がずっとありました。ＡＶ女優になってから初となる泊まりがけ撮影、それも初対面の女優だらけ約20人の大人数。精神的に超絶疲れそうだぞと懸念していたんです。

しかし男性陣がいたことで、「プロの共演女優より、まずは素人男性をもてなさなくては」と我々女優たちから出る気づかいの矢印がうまく分散されたように思います。爆乳枠が私だけだったこともあり、人懐っこい女優さんがプニョプニョとかほパイをさわりに来て、それを見たシャイな男の子が「俺もいいですか……？」と触れてきたり。「果歩さんとレズしてみたかったんです」と言ってくれた年下女優が絡み中にうっとりとした顔でキスしてきたり。大浴場で大乱交という絡み中に男女1組がバック挿入のまま私の方に近寄ってきたと思ったら、女優の子が「この人が『澁谷さんの潮を受けてみたい』って言ってるんですけど、いいですか？」

と小声で確認してきたのも可愛かった。すぐに洗い流せる浴室ということもあって何度も潮を放出していたら、話題の売れっ子に「セルフ潮吹きってどうするの？　教えて〜」って甘えられたり。いつも自分からどう接していいか不安になり様子見しがちな私には、向こうから寄ってきてもらえたのがすごくすごくありがたかった。

それと、プールもある植物園ドーム内で出演者全員参加のファイナル大乱交を撮った際、目立とうと高い場所へ登って「甲子園に虹をかけるぞ〜」って叫んで潮のシャワーをスプリンクラーのように右へ左へと飛ばしたんですね。というのも、その年のテーマが「バコバス甲子園」で、やたらと高校球児や野球ネタが散らばった台本だったから。たとえば始球式ならぬ子宮式をやったりとか。完全なギャグネタでしたけど、一番近くのカメラで撮影していたADさんが「逆側から撮っておけば良かった！　光の反射がバッチリ当たって本当に虹が見えたのに……」と心から悔しがってくれてたのが可笑しくてうれしくて。

まわりの女優やスタッフに恵まれたのか、お互いからかい合える関係性が1日目終了時にはできあがっていました。類似作品を別メーカーで撮ったときは、男性陣に対するクレームが出たり、女優が騒ぎすぎて悪ノリしたりと険悪なムードにもなったので、これは本当に相性だと思います。

それに女部屋の共同生活も、本作が詰め詰めのスケジュールを組んでいただけに、やれ番外編用の撮影だ、チェキ撮りだ、サイン書きだ、ネット配信だのと、女優それぞれ部屋に戻る時間が違ったためコミュニケーションに気をつかう必要はほぼありませんでした。カメラを渡されて「各部屋で特典映像用にくつろいだ感じのガールズトークを撮ってください」と頼まれたのがダルかったくらいで、それも女優間でダルさを共有し全員仲間のような感覚になれた。ネガティブな予感を抱きつつ撮影に向かっていたから余計に、「この現場、想像してたよりずっと楽しいじゃん」って心が揺さぶられたんでしょうね。

これを機に、「演技楽しい♪」「セックス気持ちいい♥」といった単純な自己満足だけで女優業を楽しんでいた私は、「もっと共演者やユーザーに喜んでもらいたい」というプロフェッショナル意識に目覚めました。もともと私はエロなら2次元それも漫画が好きなので、AVに対するあこがれ自体がなかった。コンテンツへの愛や情熱がないから、「AV女優は社会に貢献する立派な仕事だ。性犯罪を抑えたりしてるぞ」とよく言われるようなプライドも持たずに、個人的な好奇心と預金通帳を満たしていただけ。なので「会いたかったんです」「感動しました」だなんて言葉を直接もらえると、本当にうれしいんです。自分は人のために役立っているんだという認識を初めて得られる。

亡き野村克也監督の言葉に「自分が喜ぶためにがんばるのがアマチュア。人に喜んでもらうためにがんばるのがプロ」というものがあります。バコバスの撮影時に「私は今までアマだったんだ」と気づき、「これからはお返しとして、同じだけの年月をプロとして邁進しよう」と心がけ始めました。だから自分のAV女優人生を、最初の半分はアマ期間、そして残りをプロ期間だと捉えています。

引退作を撮った5月18日は、奇しくもバコバス撮影2日目の最終日と同日。スケジュールを組む中で「できたらこの日に撮影したいです」とリクエストしました。それくらい、私のなかでは思い出深い作品だった。

あれがなきゃ、もっと早くに引退していたし、最後までプロになりきれてなかっただろうな。会社員として一般企業で働いた社会人経験を持ちながら、AV女優になって初めて「仕事とは他者の役に立つもの」という概念を理解できました。

女でも巨乳でも生きやすい環境

私が新卒で入社したのはスポーツ新聞社。毎日、新聞という広い範囲のジャンルを扱った新商品を作るというのは、好奇心旺盛かつ変化がないとすぐ飽きてしまう私にとってベストな就職先に思えました。そしてインターンシップで大手一般新聞を経験したところ、周囲の学生の真面目さに「もう少しくだけたゴシップ系の方が合ってるかも」と考え、せっかくなら女性記者がめずらしくて、将来フリーになった際には「元○スポ女性記者」という響きがインパクトになる会社にしようと選びました。AVと同じく最初から辞める前提なのは置いといて、せっかく男くさい世界に入るなら女性という立場を武器にできたらと考えたんです。

ところが、女性は偏見の対象になり得るという事実を社会に出て初めて知ることになりました。それ以前は幼稚園から大学までずっと女性比率が多い環境にいたので、女同士で妬み合うことはわかっていても、男性が女性にライバルとして嫉妬するという状況は見たことがなかった。実際、男性記者は「女はいいよな。すぐ取材相手に覚えられるし、取り入れるし」とよく言っていたけれど、女性記者側からすれば異性の取材対象はいわゆるオフレコ会食などに誘いにくいので「男性記者の方が相手と飲みに行きやすくて便利だろうに」と思っていました。記者が取材相手となかよくなって麻雀したり飲みに行ったりするのも、現場で話しかけやすい関係を築くための営業活動なんです。対して若い女性記者は誘われることがあっても、それは仕事相手だからじゃなく花を添えるための〝女子枠〟としてだし、そういう目で見てくる人たちをこちらから誘うのはちょっと……。

また、私は最終的に野球担当になったのですが、スポーツで唯一この分野は知識がゼロで興味もなく、ユニフォームを着ている選手がすべて同じに見えてしまうので、当時は選手名鑑を手放せませんでした。「そんな自分が取材に行くなんて失礼だ。申し訳ない」という負い目から常にニコニコしていようと笑顔を心がけていたのだけど、それはそれで「美人局《つつもたせ》か？」って疑われやすく、選手に名刺を渡していたところを遠くから見ていた他社の記者に「なにか小さいメモを渡していたぞ」と密会の予感を噂されたりと、死ぬほど面倒くさかったです。

夏のクールビズの際はシャツ1枚が胸を目立たせるため、二軍捕手に「さっき打撃コーチと話してたんだけど、大きいよね。あれで立っていられると、こっちまで勃ってきてヤバイ」と囁かれたり、眼鏡をかけていたら「よう、エロメガネ！」と翌年に戦力外通告を受けたサウスポーに声を掛けられたりと、ただ普通の格好をして生きてるだけで「こんなふうにからかわれて喜んでるみたいに見える私の存在って、ほかの記者からしたらウザいだろうな」と思いました。

女性記者の服装に関しては、野球は芝があるからヒールを履かないのが鉄則。よって自然とパンツスーツがドレスコードになっている。慣れればブラックデニムにシャツなどカジュアルな格好が男女共に増えます。

私もそれなりにファッションのこだわりがあったので、サイドに花が描かれたポール・スミスのシャツを着てみたり、だまし絵シャツ柄のカットソーにジャケットを合わせたり、春秋は裏地に遊び心のあるトレンチコートをはおったりしていました。別に男受けを狙ってるわけではなく、つまらない仕事着にも自分のこだわりを持てると明るくすごせるし、ふるまいに自信も溢れてくる。これは働いているときに限らず、たとえばＴＯＥＩＣ満点を取った受験日はきれいなワンピースを着て行き、ヒールで靴ずれを作らないようにと乗ったタクシーのおじさんに「ステキだね！　パーティに行くの？」なんてほめられたりもしました。デートじゃなかろうと、メイクや服がきまってるだけで生活モチベーションがあがり、機動力がよくなるんです。

しかしそんなファッショニスタ気取りのせいか、勤労20年を迎えたオッサン先輩に「お前、自分が女子アナと勘違いしてるんじゃねえか？」と突然嫌味を言われたことがあります。自分なりに身なりをケアしているからでしょうか、彼の真逆で……。一方で、キャンプ中にスッピンで朝練を取材しに行ったら球団マネージャーに「ノーメイクは社会人として駄目でしょ」って注意されたり、「女らしくしてても、女らしくしてなくても文句言う奴らばっかりじゃねえか！」と理不尽さに苛立ちがたまりました。

私に「○○社の記者さんブスっすよねー」なんてほかの女性記者をディスる発言をしてくる

若手選手もいましたし、男性記者たちは、化粧や服装に気を使うタイプの女記者を名指ししては、すぐ「アイツとできてる」と選手や男性記者との関係性を噂していたり、美人でもブスでも愛嬌があってもなくても、女は陰口の対象になっている。

もちろん優しい人たちもいましたが、野球のように毎日同じ球場で同じようなメンツと顔を合わせ続けると、大人になっても中高生のような縄張り意識ができてしまうのでしょう。なにより、とことん男社会。女っぽい女は悪目立ちするんです。

12年間の長い女子校生活と女子が圧倒的に多い文系学部を経た私には、女性として区別や差別をされることが酷く息苦しかった。「女を売りにしてないのに『売りにしやがって』と勝手に妬まれるくらいなら、性を売りにする仕事の方が割り切れて楽なんじゃ」と思い、結果的に「自分が輝ける場所」としてアダルトの道を選んだという面があります。

胸が人より大きいせいでエロく見られ、その目線に「気持ち悪いな」と悪寒が走るより、自らポーズを取ってニコニコした方が精神的に楽です。ＡＶに出演することによって一般社会での「生きにくさ」は必ず経験しますが、ＡＶに出演したことで一般社会では得られない「生きやすさ」も得られました。

そしてＡＶ引退後も、ユニークな経験のおかげで面白い毎日を送れている。シモのトークはもともと得意だったため、ＡＶ出演という鉄板ネタを得てさらにレベルアップ。海外の日本オタクは漫画・アニメに加えてＡＶ好きも多いので女優時代の知名度が役立ち、英語が喋れるオタクな私にとって、そちらの趣味を生かせる環境も生まれました。

また、引退を機に個人で新しい活動へもチャレンジしやすい。いつまでもヌードでいる元女優もいますが、人は人。自分のなかで次のステップを考えていけるのは刺激的です。実を言うと私、全裸は軟乳を支える布がなくて大嫌いだったので当時は評価してもらえてうれしかったけど、現在は乳首を見せる必要がなくて安心しています。更に男性を〝性の対象〟としてしか見たことがない非恋愛体質なので、罪悪感を抱く彼氏なんておらず楽しくセックス撮影できていたし、辞めた今は「好きじゃない人とのエッチはし尽くした。いつか好きな人に出会ってしたいからアソコは使わず大事にとっておこう」とセカンドヴァージン化しておりまして、もう1年くらいキスすらしていません。そして、そんな今の変化に満足しています。結果的にも「AV女優になる」という選択が自分に合っていたのでしょう。あくまでも自分には、ですけどね。

AVに出る前に必ず知識を得ておこう

仕事は合う合わないがあるし、芸術作品だのエンターテインメントだのきれいに言ってもセックスを映像に収めるのはコンプライアンス的にグレー。そもそもがアウトローな業界ゆえ、AV制作は手放しにすすめられる職業ではありません。出演者側なら顔もバレるし余計にリスキー。

それでも私には私の理由があってAV女優を始め、そして辞めて、面倒なことが起こっても後悔することはなくデビュー前より幸せにすごしています。同じように、誰かがその人なりの理由でＡＶの仕事を始めるなら、始める前より楽しい人生を得てもらいたい。

いろんな職種で説明会やセミナーやＯＢ・ＯＧ訪問があるように、志望するなら事前にその業界の情報を得ておくべきです。そのために女性向けの内容として、この本を書きました。男性に媚びるために夢のない真実を隠しがちなコラムにならないよう、時間をかけてすべて書き下ろし、事務所つまり業界側に配慮ばかりしないために、フリーの立場で編集さんとやり取りしている。

強要問題で揺れた昨今のＡＶ業界では「騙してやらせる」というスタンスが取りづらくなっています。けれどセクハラと同じく「数年前なら問題にならなかったのに……」と時代のせいにして、行為自体に罪悪感を持たない人は沢山います。女優側も騙されないよう、必要な知識を得てください。想定範囲内の展開なら冷静に対応できるし、その場の状況にも流されにくくなります。本書がＡＶ女優をめざす皆さんにとって、心の準備をするサポートになれば幸いです。

そしてＡＶなんて自分には関係ない、と思っている皆さん。あるいはＡＶ女優をただ搾取されるだけのかわいそうな人間と思っている皆さんにも、ＡＶ業界だって「仕事の現場」なんだとわかってもらえれば、この本を書いた甲斐があったと思います。

おわりに

　ひっそりとデビューした私ですが、元記者だと暴露された後は、その経歴に加えてブログ更新を毎日頑張りランキング上位に食い込んだこともあり、連載コラムや官能小説などの執筆依頼を沢山頂くことができました。

　ただし、ほとんどが男性読者を意識して書いたものです。暗い話題は避けて面白おかしく、エロにはすべて好意的な反応を……。

　そうなると、どうしても「言えないこと」が出てきてしまうんです。ぶっちゃけた話をして、所属事務所にインタビュー記事を直されたり、ブログの投稿を消された経験もあります。

　それらは男性向けエンターテインメントのためには必要な隠し事だったとはいえ、フェミニズムの観点では明かしていかなければいけない。

　なぜなら一度ＡＶに出てしまった過去は、たとえ日本のＡＶメーカーが証拠映像を消してくれようとも違法ダウンロードされたものが世界中でアップされ続け、消えることはありません。

無かったことにできない職歴なので、志す人々が後に悔やまないよう、また知らない世界への好奇心と興味を満たせるよう書き綴りました。なにより、〝業界の常識かつ世間の非常識〟を明るみに出し女性側の知識と警戒心を養えば、AV出演強要問題において「騙された」と泣く被害女性も減るのでしょう。それは、結果的にアダルト業界のためにもなります。

業界の人からしたら「余計なこと書きやがって」と苦々しく感じる部分は多いでしょうが、この本は決して告発ではなく、貴重な情報を記す1冊として取り組みました。まぁ、私自身は書いててスカッとした話もあったけれど…。だって、どんなに嫌なことがあろうと私が常にポジティブでいられたのは「いつかネタにしてやるぜ」と思っていたから。

それを叶えてくださったサイゾーの穂原俊二さん、女性として率直なご意見でアイデアをふくらませてくださった編集の岩根彰子さんには感謝しきれません。穂原さんが太田出版でお勤めのころに「澁谷さんのお話をうかがって、『AVとはなにか』を主題に書いてもらいたいと感じた」と声をかけていただき、本当にうれしかったです。

私、AV女優になってよかったなぁ。

もう後戻りできないからじゃなく、お2人のおかげで心からそう思えます。

2020年8月8日　澁谷果歩

澁谷果歩
しぶや・かほ
東京都千代田区生まれ。
生年月日は「誕生日を祝われるのが苦手」という理由から未公開。
12年間の女子校通い後、青山学院大学卒業。初体験は23歳。
新卒でスポーツ新聞社に就職し、記者としてプロ野球取材などを行う。
退社後、2014年11月にAVデビュー、
オムニバスを含め約750本の作品に出演し、2018年9月に引退。
その後は、執筆やタレント活動を続けている。
WWE（World Wrestling Entertainment）に憧れて
英語の勉強をはじめ、英検1級を取得。TOEIC満点（990点）。
近年は外国での活動にも力を入れ、
コスプレイヤーやMCとして海外のアニメイベントに多数参加。
Twitch公式パートナーとして英語での配信も行い、
国やジャンルの壁を超えて幅広く活躍している。
インスタグラムのフォロワーは116万人（2020年8月現在）。

編集協力
岩根彰子
安田理央

AVについて
女子が知って
おくべき
すべてのこと

2020年9月26日　第1刷発行
2022年6月30日　第3刷発行

著者
澁谷果歩

編集・発行人
穂原俊二

発行所
株式会社サイゾー
〒150-0043 渋谷区道玄坂1-19-2 3F
TEL: 03-5784-0790
FAX: 03-5784-0727

印刷・製本
株式会社シナノパブリッシングプレス

DTP
一條麻耶子

ISBN978-4-86625-131-8 C0095